売上を、減らそう。

たどりついたのは業績至上主義からの解放

✓営業わずか3時間半
✓どんなに売れても100食限定
✓飲食店でも残業ゼロ

国産牛ステーキ丼専門店
佰食屋
中村朱美

ライツ社

・ランチのみの国産牛ステーキ丼専門店
・どれだけ売れても、1日100食限定
・インセンティブは、早く売り切れば早く帰れる
・営業わずか3時間半、11時から14時半
・飲食店でも、残業ゼロ
・なのに従業員の給料は、百貨店並み

たどりついたのは
終わりのない
「業績至上主義」からの
解放だった

国産牛
ステーキ丼
専門店
佰食屋
hyakushokuya
佰食屋
国産牛ステーキ丼
1000円
ミニサラダ
50円
お味噌汁
50円
ビール
350円
国産牛おろしポン酢
ステーキ定食
1100円
国産牛100%
ハンバーグ定食
1000円
本日全てのメニューが
完売
ありがとうございました★
またのお越しを
お待ちしております★

この本のはじめに、なぜ本を書くのか、お伝えします。

堀江貴文さん監修のもと出版されている『まんがでわかる 絶対成功！ホリエモン式飲食店経営』（講談社）で、佰食屋はこんなふうに紹介されています。

・サービスを極限まで絞ることで売上を上げているお店
・飲食店の形は自分の人生に照らし合わせて決めることができる

この2行の冒頭、「サービス」と「飲食店」を「働き方」に変えるとこうなります。

・働き方を極限まで絞ることで売上を上げているお店
・働き方の形は自分の人生に照らし合わせて決めることができる

つまり、どれだけ儲かったとしても、「これ以上は売らない」「これ以上は働かない」。あらかじめ決めた業務量を、時間内でしっかりこなし、最大限の成果を挙げる。そして残りの時間（人生）を自分の好きなように使う、ということ。

飲食店関係者だけでなく、すべての働く人たちに、この2行に集約された佰食屋のビジネスモデル、働き方のすべてを共有したい。そう思い、この本を書きました。

「１００食以上売ったら？」
「昼だけじゃなくて、夜も売ったほうが儲かるのでは？」

たしかに売上は上がるでしょう。
でも、働く時間は増えるのに、
給料はあまり変わらない。
会社が儲かっても
社員が報われないのはおかしい。

「営業時間を伸ばせば伸ばすほど売上は上がる。だから頑張れ」
売上が落ち込んでいると「頑張れ」
元気がないと「頑張れ」、連休前も、連休中も、連休明けも、いつも「頑張れ」

もう「頑張れ」なんて
言いたくない。
わたしは「仕組み」で
人を幸せにしたい。

「残業ゼロなんて、うちは業種も規模も違うから無理」

「佰食屋だからできるんでしょ?」

「同じだけテナント料を払うなら、なるべく長い時間できるかぎり商売しよう」

ちょっと待ってください。
そもそも就業時間内に
利益を出せない商品とか企画って
ダメじゃないですか?

「会社を存続させるためには、ビジネスをスケールさせ、
利益を追求することが重要だ」
「多店舗展開をしよう。今年も前年比を更新して売上を増やそう」

みんなが売上を追いかけて
うまくいっていないのなら、
もうそれを
追いかける必要なんてない。

佰

目次

はじめに——19

第1章

超ホワイト企業「佰食屋」はどのようにして生まれたのか——41

第2章

100食という「制約」が生んだ5つのすごいメリット――75

第3章

佰食屋の労働とお金のリアルな実態——133

第4章 売上を目標にしない企業は社員になにを課しているのか？――173

はじめに

１００食限定ランチのみ、残業ゼロの国産牛ステーキ丼専門店

たった10坪、14席。

夫婦で貯めたありったけの貯金５００万円を使って、わたしたちの冒険は、はじまりました。２０１２年の冬、京都の観光地からは少し離れた住宅街で、一軒の飲食店をはじめたのです。

お店の名前は「佰食屋」。

ステーキ丼をはじめ、メニューは3つのみ。「1日１００食限定」で、売り切れたら店じまいです。おかげさまで、平日でも土日でも、たくさんのお客様にお越しいただいて、あっという間に売り切れます。よく、こんなことを言われます。

「昼だけじゃなくて、夜も営業したらいいのに」「せっかくだから５００食くらいつくればいいのに」。

でも、1日で売るのは絶対に100食だけ。はじめから、そう決めていたのです。

死ぬ前に食べたいと思った一杯

佰食屋の看板メニュー、新鮮で上質な国産牛を特製のごはんにのせたステーキ丼は、わたしの夫の自慢のレシピでした。

自宅で初めて夫がつくったものを食べたとき、本当にビックリしたのです。「うわ、めっちゃおいしい！」と。言葉が見つからないまま黙々と食べつづけ、ハッ！と気づいたときには、もう器の中が半分になってしまっていて……「あぁ、もうすぐ食べ終わってしまう」と、さびしささえ覚えました。

死ぬ前にはこの一杯を食べたい。このステーキ丼を独り占めしてしまうのではなく、みんなにも食べてもらいたい――。

そうやってはじめた佰食屋は、「すき焼き専科」「肉寿司専科」と合わせて3店舗を構え、いまでは年商1億円を超え、従業員は30名を数えるほどになりました。

そして、その全員が月に一度も残業することなく、退勤することができます。

インセンティブは早く売り切ったら早く帰れる

わたしの名前は、中村朱美と言います。

京都生まれの京都育ち。生粋の京都人です。と言っても京都市の隣、亀岡市の出身なので、「亀岡は京都人とちゃう」と言われてしまいそうですが……!

佰食屋をはじめる前は、わたしも夫も、まったく別の業界で仕事をしていました。

夫は不動産業、わたしは広報として専門学校に勤めており、学生時代も含めて、飲食店に勤めた経験はほとんどありませんでした。

「飲食店」と聞くと、「勤務時間が長い」「土日は休めない」「ギリギリの人数でお店を回している」といった大変なイメージを持つ人は多いでしょう。わたしも、同じイメージでした。

飲食店が儲かるのは土日です。でも、従業員からすれば平日より、お客様がたくさん来られる土日のほうが大変です。それなのに、土日に働いたからといって給与が高くなるわけではないし、閉店間際にお客様が来られても、「また今日も帰る時間が遅くなる」としんどくなるだけ。

つまり、どれだけ頑張っても対価が得られにくいのです。

これって、おかしくないですか？

長時間労働は当たり前、慢性的な人手不足。でも、どうせやるなら、自分が嫌なことを従業員にはさせない会社をつくりたい。

会社員なら通常、セールスとしてたくさん売ればインセンティブがつきます。だから同じように、飲食店にもなにかインセンティブのような「頑張ったら頑張ったぶんだけ自分に返ってくる仕組み」をつくれないだろうか。

そこで決めたのが、「1日100食」という上限でした。

1日に販売する数を決めて、「早く売り切ることができたら早く帰れる」となったら、みんな無理なく働けるのではないか、と思ったのです。

出した答えは売上を減らそう

「100食以上売ったら？」「夜も売ったほうが儲かるのでは？」。

そんなこと、何回も言われました。儲かるかどうかは別として、たしかに売上は上がるでしょう。

でも、ちょっと待ってください。そもそも、なぜ会社は売上増を目指さなくてはならないのでしょうか。

従業員のため？　会社のため？　社会のため？　実際のところ、経営者が「自分のため」に売上増を目指している、というのが多くの場合の真実ではないでしょうか。

売上を増やして、自己資金を貯めておかないと、いざというときに不安。いつ景気が傾くかもわからないから、なるべく利益を確保しておこう……。そんな、自分の不安をかき消すために。

「業績至上主義」にわたしは違和感を抱きます。

１００食以上売ったら、たくさん来られたお客様をずっとおもてなしし続けなければなりません。それでは、気持ちの余裕がなくなります。夜に営業したら勤務時間が長くなります。そのわりに、そこまで大きな儲けは得られません。

佰食屋は、お客様のことだけを大切にするのではありません。いちばん大切なのは、「従業員のみんな」です。

仕事が終わって帰るとき、外が明るいと、それだけでなんだか嬉しい気持ちになりませんか？　そんな気持ちを、従業員のみんなにも味わってほしい。

だから、佰食屋が出した答えは、「売上をギリギリまで減らそう」でした。

営業時間はわずか3時間半、14時30分には店じまい

朝の9時30分。ちらほらお客様が来られます。11時の開店なのに、どうしてそんなに早く？

答えは、佰食屋がお配りしている「整理券」です。

京都へは国内のみならず、海外からもたくさんのお客様が来られます。観光客の方も「佰食屋のステーキ丼を食べたい」と、わざわざお店にいらっしゃるのです。お客様の大切な時間を、並ぶために費やしてしまうのはもったいない。そんな思いから、佰食屋では整理券を配り、「○時○分までにお越しください」とご案内しています。すると、待っている間も有意義に過ごしていただくことができます。

11時に開店。整理券を持ったお客様が続々と来られます。店内はあっという間に満席となり、その後ずっと客足は途絶えません。

14時30分。最後のお客様が食べ終わるのを待つのみです。お客様をお見送りして、本日の営業は以上。あとは片づけをして、みんなでまかないを食べて帰るだけです。17時。従業員が帰りはじめます。どんなに忙しいときでも、夕方18時までには退勤できます。佰食屋の目標は、とてもシンプルです。本当においしいものを100食売り切って、早く帰ろう。たったそれだけです。

「従業員が働きやすい会社」と「会社として成り立つ経営」の両立

「従業員が働きやすい会社」と「会社として成り立つ経営」を両立させるには、どうしたらいいのでしょうか。

「どんなにすばらしい理念があったとしても、会社を存続させるためには、ビジネスをスケールさせ、利益を追求することが重要だ」。本音では、そう考える経営者は多いでしょう。「前年比を更新して、売上を増やしていこう」「そのためには、複数店舗を展開して、仕入コストを安くしていこう」。そう考えるのが、いわゆる一般的な経営者の仕事だと思います。

でもわたしは、その仕事を放棄しました。つまり、「売上増」や「多店舗展開」を捨てたのです。

むしろ、いまは、もう少し減らしてもいいのではないか、「3店舗で1億円ちょっと売り上げる」くらいがちょうどいいのではないか、と考えているくらいです。

会社の売上がどんなに伸びても、従業員が忙しくなって、働くことがしんどくなってしまったら、なんの意味もありません。しかも、業績が上向いたからといって、従業員にすぐ還元してくれる会社は、そう多くはありませんよね。

わたしも会社員時代、自分が成果を上げても、思うように給与は上がらず、「なんのために働いているのだろう」と心がすり減ることがありました。

利益を追求するより、わたしたち自身が「本当に働きたいと思える会社」をつくろう。佰食屋をはじめたとき、夫と二人でそう決めました。

そして、本当に働きたいと思える会社の条件は、「家族みんなで揃って晩ごはんを食べられること」。

それが、わたしたちにとって大切なことだったのです。

脳性まひの息子を産んだわたしでも働ける会社

なぜ、家族との時間が大切なのか。そのきっかけは、子どもの存在でした。

27歳で結婚したわたしは、すぐにでも子どもが欲しいと思っていました。でも、思いとは裏腹に、不妊治療をはじめても、なかなか命を授かることができませんでした。

それなら、夫がよく話していた「いつか自分のお店を出したい」という夢を、「いつか」じゃなくて「いま」やろう。そうやって、なかば夫をたきつけるような形で、佰食屋をはじめたのです。

夫婦二人と、夫の母に手伝ってもらって、三人ではじめた小さな定食屋。お店を軌道に乗せようとがむしゃらに働きながらも、あきらめずに不妊治療は続けていました。そして2014年、やっとやっと授かったのが長女です。2年後には長男も授かりました。

ところが、予想外のことが起きました。8か月健診で、長男が脳性まひを患っていることが判明したのです。

5週間に及ぶ入院の間に、精密検査とリハビリ指導が行われました。いまでも長男は右半身が動きにくく、月に一度の通院と、朝と夕方と寝る前の3回、毎日欠かさずリハビリをしています。朝と夕方に長男のリハビリをするのが、わたしの役割です。

そんな我が家でも、どうしたら毎日笑顔で過ごせるだろう。

家族と過ごす時間を、なるべく長く確保したい。晩ごはんは必ず、みんなで一緒に食べたい――。それが、わたしたちの願いになりました。じゃあ、どうすればいいだろう、と逆算して、働き方をどんどん変えていったのです。そうやって、佰食屋は「わたしたちが本当に働きたい会社」になっていきました。

働き方改革が叫ばれる何年も前に働き方を変えた

仕事は本来、人生を豊かにするためにあるもの。仕事だけが人生ではないはずです。ですから佰食屋の従業員にも、仕事をなるべく早く終えて、それぞれ思い思いの時間を過ごしてほしい、と考えています。

これは、佰食屋の従業員からもらった実際の言葉です。

・「佰食屋に入社して初めて、子どもと一緒にお風呂に入れるようになった」
・「18時からはじまるバレーボールのサークルに参加している」
・「帰宅が早すぎて、本当に会社に行っているの？　と奥さんに不思議がられた」

これらは、飲食業界で働く人にとっては、驚くべきことです。これまで「しょうがない」と思われてきたことを、変えていきたい。

そうやって、２０１２年のオープン時から、自分たちが働きたいと思える会社のあり方を追求してきました。働き方改革が叫ばれる、ずっとずっと前のことです。

そしてそれは、飲食業界以外にとっても、いま多くの人が求めている会社のあり方であり、理想的な働き方だと知り、わたしはこの本を書くことに決めました。

もう「頑張れ」なんて言いたくない「仕組み」で人を幸せにしたい

佰食屋では、「頑張れ」という言葉は使いません。

多くの会社では、上司が部下を叱咤激励します。売上が落ち込んでいると「頑張れ」、元気がないと「頑張れ」、連休前も、連休中も、連休明けも、いつも「頑張れ」

……。そうやって、社長が役員へ、役員が部長・課長へ、そしてその部下へ……と、「頑張れ」のヒエラルキーが固定化しています。

でも、みんなもう十分、頑張っているじゃないですか。

お父さんもお母さんも、毎日大変な仕事に子育てに頑張っている。子どもたちも頑張って学校に行っているし、おじいちゃんもおばあちゃんも孫の面倒を見てあげたり、健康に気を遣ったりして、頑張っているんです。

だから、わたしたちは「頑張れ」という言葉を使うのではなく、「仕組み」で人を幸せにしたいのです。

専門家は口々に言った「アホらしい」「うまくいくわけがない」

「そんなの、うまくいくわけがない」「アホらしい」。

これは、わたしが佰食屋をはじめる2か月前に出場したビジネスプランコンテストで、審査員に言われた言葉です。

中小企業支援の専門家や大学教授の方々に、けちょんけちょんに言われました。

たしかに、わたしたちは飲食業界未経験でしたし、「ズブの素人」。けなされたときはさすがに落ち込みましたが「見てろよー！」と、逆に燃えました。これまでになかったアイデアだからこそ、専門家には受け入れてもらえなかった。だから、わたしたちがうまくいくことを証明してやろう、と。

人生って、そんなに長い時間働かなきゃいけないものでしょうか。

ゆっくり朝ごはんを食べてから出勤して、しっかり働いて、暗くなる前には帰る。

そして、好きなことをする。それって、本来はごく普通の、誰もが叶えられるべき暮らしだと思うのです。それが、佰食屋の実現する、1日100食を売り切って夕方までには帰る、という働き方です。

この働き方をもっと日本に広めたい。そう考えて、わたしたちは新しい挑戦をはじめようとしています。

サービスを「極限まで絞る」ことで働き方のすべてが変わった

「はじめに」の最後に、なぜ本を書くのか、この本になにを書いたのか、お伝えします。まずは、なぜ本を書くのか。

堀江貴文さん監修のもと出版されている『まんがでわかる 絶対成功！ホリエモン

式飲食店経営』（講談社）で、佰食屋はこんなふうに紹介されています。

・サービスを極限まで絞ることで売上を上げているお店
・飲食店の形は自分の人生に照らし合わせて決めることができる

この2行の冒頭、「サービス」と「飲食店」と言う単語を「働き方」に変えるところなります。

・働き方を極限まで絞ることで売上を上げているお店
・働き方の形は自分の人生に照らし合わせて決めることができる

この2行に集約された佰食屋のすべてを、この本で、できるだけみなさんに共有したい。そう思い、この本を書いています。

次に、この本になにを書いたのか。

講演会でよく、こんな質問を受けます。

「最初の一歩をどうやって踏み出したんですか？」。

起業する、しないにかかわらず、多くの人が「自分でなにかをはじめること」に悩んでいるでしょう。だから、わたしの心の動きやバックグラウンド、どんな将来を見据えてはじめたのか、という話はもちろん伝えたい。

第1章では、「超ホワイト企業『佰食屋』はどのようにして生まれたのか」と題して、創業ストーリーを書いています。

「どんなことを大事にして会社をつくっているんですか？」。

次に、大企業の考え方とは違う、いわゆる佰食屋流の一本芯の通った考え方。

みなさんが、さまざまなメディアで「どうも佰食屋はほかの会社とは違う」と感じてくださった部分の、じゃあ具体的にどこが違うのか、という点をわかりやすく届けたい。

第2章では、「100食という『制約』が生んだ5つのすごいメリット」として、佰食屋のビジネスモデルをよりストンと、腑に落ちて理解してもらえるように分解しました。

「わたしなんて、勉強はちょっと……」。

この本は、経営者やマネジメント層の人に、一度立ち返って、自社の従業員の在り方を見直してほしい、という意味で読んでほしいのはもちろんですが、そんな主婦や一般の働くみなさんにこそ読んでもらいたい、と考えています。

「100食限定」つまり、自分のやるべきことを絞る、自分の人生に合わせた売上を稼ぐ、というキーワードは、誰しもに関係ある「働き方」そのものだからです。

佰食屋の働き方を1つのベースとして、人生をどういうふうに生きたら、「やり残したことはなにもない」とか「ああ良かったな」と思って死んでいけるのか。そういう部分をもう一度考えるきっかけにしてもらえたら嬉しいです。

そのために、第3章と第4章では「佰食屋の労働とお金のリアルな実態」「売上を目標にしない企業は、社員になにを課しているのか？」として、従業員の働き方に焦点を絞って、できるかぎりの実例を書き出しました。

そして最後に、第5章には「佰食屋1／2働き方のフランチャイズへ」という、わたしたちの新しい挑戦の計画書を書き記しました。

誰もが幸せな暮らしを諦めないですむように

佰食屋の事業は、日本経済新聞やNewsPicksなどに掲載していただくこともありますが、やっていることは、おそれ多いほど、とってもシンプルです。

本当にいいものを、必要な数だけつくって、売る。

だからこそ、どんな人にとってもわかりやすい仕組みが、この本にはたくさん書かれているはずです。

できれば今後、挑戦をしていく人たちには、佰食屋のいいところは真似してほしい。反対に佰食屋が失敗したことや、しなかったらよかったと思うことは、後悔しないように先に知っていてほしい。

できるだけ多くの人が「穏やかな成功」をつかめるように。

誰もが幸せな暮らしを諦めないですむように。

第1章

超ホワイト企業「佰食屋」はどのようにして生まれたのか

定年後だったはずの夢を28歳ではじめた

大きな塊で仕入れる国産牛モモ肉。余分な脂身のない上質な赤身を、肉の旨味が最大限に味わえるよう、絶妙な焼き加減で仕上げる。肉汁が逃げないよう少し休ませてから、スライス。

丼にごはんをよそい、香ばしくなるまで炒めたすじ肉、赤ワイン、醤油などでつくった特製ステーキソースと香味オイルをかける。てっぺんにはフライドオニオンと三つ葉。最後にごはんが見えなくなるまでぎっしりと肉を並べ、もう一度自慢のステーキソースを回しかける。

これが佰食屋の看板メニュー、国産牛ステーキ丼。書いているだけでもお腹が空いてくるくらい、おいしそうです。

食べ歩きと料理が趣味の夫は、わたしと出会ったときにはすでにこのレシピを完成させていました。夫の夢は、「定年退職したら、自分のレストランを開きたい」というものでした。

ですが、２０１２年７月。28歳のわたしは夫にこう告げたのです。

「まだ子どももいーひん（いない）し、二人の年収が３分の１になってもいいから、やりたいことがあるなら、いまやろう」。

それから４か月が経った11月、京都・西院で佰食屋をオープンしました。

開業資金は、それまで貯金した５００万円。これを元手にまずは１年やってみよう。「もしうまくいかへんかったとしても、もう一回会社員として勤めれば、なんとかなるやろ？」そうやって夫をなかば強引にたきつけて。

なぜ飲食業界はブラックなのか

国税局の発表する「民間給与実態統計調査」（２０１７）によると、業種別の平均年収で「宿泊業・飲食サービス業」はもっとも低い２５３万円でした。

人手不足で、その穴を埋めるために過重労働を強いられる。それにもかかわらず、働いても働いても賃金が上がらず、長時間労働で疲弊していく──。

これが、飲食業界の現実です。

なんとか売上を上げて、利益を確保するにはどうするべきか。ここで多くの経営者はこう考えます。

「利益率の高い『お酒』をたくさん売って、儲けよう」。

お酒を売るには、夜間営業が不可欠です。夜は人によって食べる時間も飲む時間もまちまちで、営業時間が長くなります。

そして次にこう考えます。

「同じだけ家賃やテナント料を払うなら、なるべく長い時間営業して、できるかぎり商売をしよう」。

ランチ営業、さらには朝食営業まではじめ、結果、年中無休や24時間営業の店舗が生まれていきます。

そうやって、朝から深夜まで通し勤務、土日祝もお盆も年末年始も休めなくなる。こんなブラックな状況が、まだまだ一部の飲食店では根強く残っています。休みの日、子どもと一緒に遊園地へ出かけたり、運動会や授業参観に参加したり……そんなことは夢物語です。

シェフだった父は言った「飲食店だけはアカンで」

あまりに、理不尽すぎます。

食べることは、暮らしの根幹を担っているのに、それをつくっている人たちが満足に休めず、家族と過ごす時間も限られてしまうなんて。

なんとかして、こんなよくない「当たり前」を変えたい――。

そう考えたのには、理由がありました。

わたしの父は、ホテルのレストランのシェフでした。母はそのレストランで接客係をしていました。つまり職場恋愛です。母はその後専業主婦となり、わたしたちを育ててくれたわけですが、父は当然、仕事が終わるのは夜遅く、帰ってくるのはいつもわたしたちが寝た後でした。

それが突然、あるときから同じ食卓を囲んで、一緒に晩ごはんを食べられるようになりました。

それは、父が交通事故に遭って数年後のことです。

後遺症が悪化した父は立ち仕事が難しくなり、経理課に異動することになりました。つまり、父がシェフを辞めてはじめて、わたしたちは家族で過ごす時間を持てるようになったのです。

皮肉な話です。

そういった事情もあり、両親からはことあるごとに「飲食店だけはアカンで」「飲食の仕事はやめときや」と言われてきました。だから、わたしは学生時代も含めて、ほとんど飲食店に勤めた経験がなかったのです。唯一やっていたのは、マクドナルドのレジ打ちだけ。

当然、佰食屋をはじめようとしたとき、両親は大反対でした。

けれども、わたしはそれを乗り越えてでもやらなければ、と思っていました。夫の夢だったから、というのもあります。

でもなによりも、わたしは食べることが大好きだったのです。

「食べるために生きる」と言っても過言でないくらい、旅先や街角のお店でおいしいものを食べることが好き。夫と出会ってからも、いろいろなお店に行っては、これは！　というものを探すことが楽しみでした。けれども、それをつくり出している人たち自身が、長時間労働や低所得で幸せを感じられないのは悲しいことです。

この現実を、変えたい。だから、わたしたちが理想とする働き方を飲食業界で実現しようと考えたのです。

佰食屋なのに最初は20食すら売れなかった

佰食屋も、はじめから順風満帆だったわけではありません。

オープンしたのは２０１２年11月29日、「いい肉の日」でした。たまたまテナントが空いたのがその時期で、「語呂がいいね」「幸先もいいね」と、いよいよはじまった冒険にワクワクしていました。小さなお店でしたが、こんなにおいしいステーキ丼を用意したんだから、きっとすぐにお客様も来てくれるはず。

けれども季節は冬。京都の中心部は盆地のため、心底冷えこみます。観光シーズンも閑散期に入り、観光客もずっと少なくなるのです。

近くに住む人や駅周辺で働いている人が「新しいお店がオープンしたんやな」と来てくれるくらいで、1日20名くらい来ればいいほう。到底100食には及びませんでした。

来る日も来る日も、今日は10名、その次は15名……と、一進一退。夜の営業ま

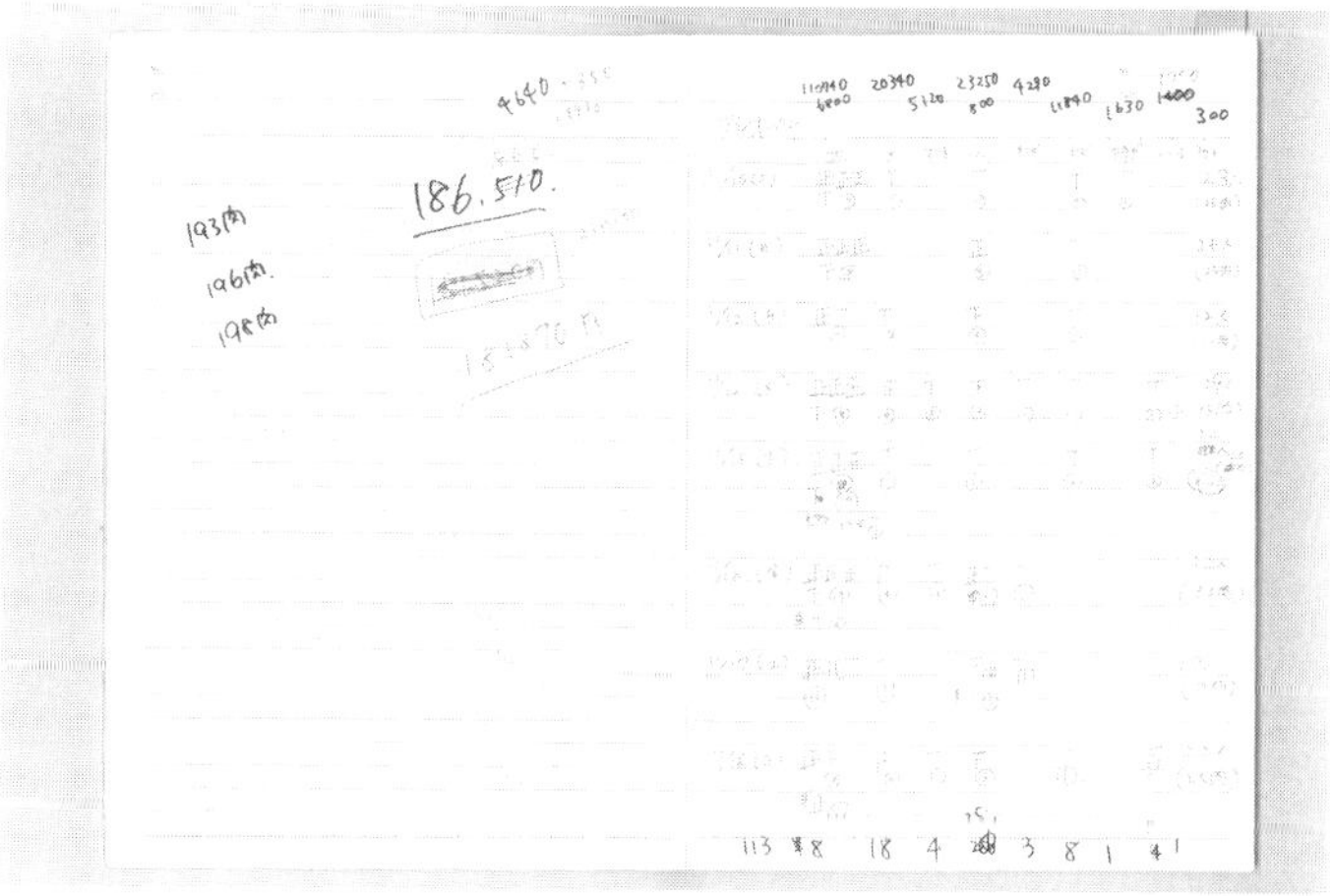

でやっても、やっと30食にいくかいかないか。20時の閉店時間を迎えると、泣く泣く食材を廃棄しなければなりませんでした。

誰にも食べてもらえず捨ててしまうなんて、本当にもったいないし、悔しいことです。

「アカン……これは、失敗してしもたかもしれんね」。

オープンして早々、わたしは夫に弱音を吐いていました。毎日のように、寝る前に涙が出ました。

爪楊枝を置き忘れていることにすら気づかなかった

ステーキ丼をいかにおいしく提供するか。見栄えよく盛り付けるのか。食材も食器やトレーも選び抜いて、「これがうちの看板メニュー」と胸を張れるものが完成していましたが、わたしたちはやはり飲食店の素人。もう１つ大切な「お店のオペレーション」には、ほとんど目が行き届いていませんでした。

６つ折りナプキンを置き忘れたり、玄関の入口にすべり止めマットを敷いていなかったり……。レジもレシートが打刻されるようなものではなく、単にお金を入れただけのもの。「爪楊枝ない？」と聞かれて、それすら用意していなかったことに気づいたときには、自分でもあきれてしまいました。「あんなに夫婦で食べ歩きして、飲食店を知ったつもりになっていたのに、いったいなにを見ていたんやろ」と。

あれがない、これもない。毎日のようにスーパーやホームセンターへ買い出しに行っていました。

そんなわたしたちを、地元のお客様はあたたかく見守ってくださいました。「家族で頑張ってるんやなぁ」と、たびたび足を運んでくださりました。

昼間に来られた方が、その日の夜にも来てくださったり、次の日に会社の同僚を連れてきてくださったり、毎日来てくださる方がいたり。毎日12時になると、いつもの顔ぶれがカウンターにずらっと並び、「給料日だから今日はお肉ダブルにする」と仰られた方につられて、「わたしもダブル」「僕はトリプル」と、結局、お店にいる方がみんな肉を追加してくれたこともありました。

思い出すのは、佰食屋が入っているテナントの上に住んでいた、とあるお客様のこと。ＤＪをされている方で、たびたび店へ通ってくださっていたのですが、あるとき「僕たちがつくった曲なんですけど、よかったらお店で流してもらえませんか」と、ＣＤを持ってきてくださいました。当時、わたしたちは有線を契約するお金すらなくて、お店では音楽をかけていませんでした。それをみかねて、お客様が用意してくださったのです。

いまでもその曲がラジオでかかると、あの頃を思い出して、胸の奥がキュンと軋みます。……支えてくださったお客様への感謝は忘れることができません。

誰も来ない夜とゼロになっていく通帳のお金

１００食完売には一向に届きません。

ランチタイムにいったん満席になっても、その次のお客様が来られない。14席１回転でおしまいです。17時半から夜営業をはじめても、ほとんどお客様が来ませんでした。営業中、やることもないので、電卓を叩いてずっと計算をしていました。

このままでは、１か月も持たない……。

開店資金の５００万円は、改装費や開店準備にほとんど使っていましたし、肉も毎回現金払い。まだ信用がないので、請求書払いはさせてもらえなかったのです。

食材もまとめて卸せるほどは買えません。なくなりそうになるたびに自転車でスーパーへ買いにいき、前カゴに大根、後ろのカゴには三つ葉を乗せて走りました。

お店自体は暇なのに、買い出しや銀行との交渉など、やらなければならないことがたくさんあって、その上、肝心のお金も底を尽いてしまいそう。通帳とにらめっこしても、お金が増えるわけではありません。それでも何度も見てしまう、黒く印字された数字……。おそろしいほどの早さで桁数が減り、ゼロに近づいていきました。

晩ごはんは、営業時間の合間にバックヤードで、残った冷やごはんにお漬物をのせて、お茶漬けをかきこむ日々。心細くて、ジリジリと追い込まれて、どうしようもない不安に押しつぶされそうでした。

「やっぱり、無謀やった」。

泣き顔で後悔するわたしを、ずっと励ましつづけてくれたのが、夫でした。

「大丈夫や」「まだみんな店を知らんだけ。知ってもらえたら、絶対来てくれる」。

拍子抜けするくらい楽観的。もし夫がいてくれなかったら、わたしはこの時点でとっくにあきらめていました。

たった１件の個人ブログでお客様が押し寄せた

そんな日々が1か月続いた頃。忘れもしない、２０１２年12月27日。

突然お客様がうわーっと押し寄せました。いつものように20食分くらいしか食材を用意していなかったのに、お客様が途切れず来られること、およそ70名。あわてて営業時間中に食材を買い出しにいきました。

いったい、なにごと？　お客様に「なにをご覧になっていらっしゃったんですか？」と尋ねると、「Yahoo!のトップページを見た」とのこと。どうやら、どなたかが個人ブログで佰食屋を紹介してくださり、それがYahoo!の地域ニュース欄にリンクされていたようなのです。

その日を境に、お店の様子はガラッと変わりました。

昼は50名くらい、夜は20名くらいと、毎日のように70名以上はお客様がいらっしゃるようになったのです。口コミサイトにもコメントが寄せられるようになり、一人客や家族連れ、遠方からの観光客など幅広い方にお越しいただけるようになりました。

年が明け、今度は地元の情報誌に掲載されました。「Leaf」という、京都で知らない人はいないタウン誌です。掲載された翌日から、雑誌を手にしたお客様が次々と来られるようになりました。

そして、それまでわたしたち夫婦と義母の三人で切り盛りしてきたお店でしたが、1月に一人、2月にもう一人と正社員を雇うことになりました。

「知ってもらえたら、絶対来てくれる」。夫の言葉は本当でした。

オープンして3か月後 はじめての１００食完売

地元の情報誌に掲載されて数週間後。

２０１３年3月10日には、関西ローカルの街ぶら系テレビ番組「大阪ほんわかテレビ」に取り上げられました。「関西の美しくて美味しい丼」に選ばれたのです。やはり、テレビの影響力はとてつもなく大きなもの。紹介された翌日から、お客様が店の前に列をつくるほど、ひっきりなしに訪れるようになりました。

そしてやっと、夜の営業も含めて、ではありますが、目標としていた１００食を売り切ることができたのです。

開店から3か月弱、名実ともに「佰食屋」になった瞬間でした。

そして、テレビ放映から1週間後の3月17日には、はじめてランチだけで１００食を完売させることができました。

100食売り切れない日はほとんどないくらい、忙しい毎日がはじまりました。がむしゃらに働いて、「また来てくださいね」と笑顔でお客様を見送って。暇だったときの泣き顔と比べたら、晴れ晴れとしたものです。お客様をお待たせしないように従業員を雇い、余裕を持った体制でお店を運営していけるよう整えていきました。

オープンから1年が経った頃。ようやく「あ、そろそろ大丈夫かな」と、ふと思えるようになりました。それまでは、従業員の給料日前に銀行へ足を運んで、ATMに並んで、一人ひとり手入力で給与を振り込んでいたのを、やっとネットバンキングから振り込めるようになったのです。

ネット振込にかかる月額1080円の手数料さえ、佰食屋にはもったいなかった。その1080円を躊躇なく払えるようになってはじめて、わたしたちが選んだ道に間違いはなかったことを確信できました。

どんなに苦しくても商品だけは妥協しなくてよかった

たった1件のブログが、一過性のものではなく継続的な売上として定着した。それは、佰食屋が提供するステーキ丼、つまり「商品力」だけは一切の妥協をしなかった結果だ、と思っています。

夫が自宅で考案したレシピは、完成されていました。ただ、それをいかに店舗で再現するか。そこには、仕入れというハードルがありました。

まずネックになったのは、味のベースとなる醤油です。スーパーにはさまざまなメーカーがつくった醤油が並んでいます。けれども業務用となると、途端に種類が少なくなってしまうのです。

我が家ではいつも「割り醤油」をつくって常備していました。割り醤油というのは、酒や出汁などに火を入れてアルコールを飛ばしたもので割った醤油のことで、通常の醤油よりも塩分濃度が低く、味わいもまろやかになります。たとえば、お寿司に醤油を浸けて食べつづけると塩辛くて喉が渇いてしまうため、板前さんがよく使っています。

ただ、佰食屋の場合、お子様やアルコールに弱い方もお客様としていらっしゃいます。そもそも飲食店で割り醤油を大量に仕込むのはリスクも高い。

それなら、はじめから塩分濃度の低い醤油を仕入れることができないだろうか。そう考えて、直接メーカーに問い合わせてみたのです。「この醤油を、業務用の一斗缶で仕入れることは可能ですか?」と。

まだ開業前。起業すらしていなかったいち個人に対して、そのメーカーは真摯な対応をしてくださり、一般発売されていない特別な醤油を卸してくれることになりました。

もう1つ欠かせないのは、ソースに使う赤ワインです。

赤ワインも、価格帯や産地、品種などさまざまな銘柄が世の中にあふれていますが、佰食屋が選んだのは、普通に飲んでもとてもおいしいもの。そんなワインを贅沢に使っているのが、佰食屋のステーキ丼です。

ワインはまさにステーキの要で、産地が違っただけでも味が変わってしまいます。

利き肉をして選んだ肉

では、肝心のお肉は？

選びに選んで決めたのが、「国産の交雑牛」でした。交雑牛というのは、黒毛和牛のオスとホルスタイン種のメスの間に生まれた牛のことです。

「え、黒毛和牛のA5ランクとかじゃないの？」とガッカリされるかもしれません。でも佰食屋がこの牛に決めたのには、理由があります。

利き酒ならぬ、「利き肉」というものがあります。

開業直前、わたしたちも肉屋さんにお願いしてやらせてもらいました。値段も産地も品種もバラバラの肉を用意してもらって、銘柄を伏せ、同じように調理して、どの肉がいちばんステーキ丼にするとおいしいのか、食べくらべをしたのです。もちろんその中には黒毛和牛のA4〜A5ランクも、海外産の牛肉もありました。

値段もなにも関係なく、純粋に味で選ぶ――。

すると、夫もわたしも答えが一致しました。それが「国産の交雑牛」だったのです。

Ａ５ランクの黒毛和牛にはきれいにサシが入っていて、おいしそうに見えますが、ステーキ丼にすると少し脂身が多く、胃もたれしてしまいます。ランチに絞りたい佰食屋には向いていません。

一方、交雑牛は赤身が多く、肉本来のうまみや香ばしさが感じられます。ごはんとの相性も良く、丼一杯食べても、もたれることがないのです。部位はモモ肉がいちばん。けれども牛モモ肉は焼きすぎると固くなってしまうため、焼き加減と調理法が肝でした。

大手チェーン店では、とにかく工程を少なくし、原価を下げるため、あらかじめ調理されたものを温め直すか、解凍した肉を焼いてそのまま、あるいはサイコロ状にカットして提供するのが主流です。

佰食屋では、お客様から注文を受けると、前日の夕方に届いたばかりの新鮮な国産牛を一人前の分量で測った塊のまま焼きはじめます。完全に火を通してしまうのではなく、ほのかにピンク色が中心に残るくらいミディアムレアに焼きあげたら、いったん金属製のバット（トレー）を反対にした「肉のベッド」で１、２分ほど休ませる。

するると、肉汁がステーキ全体にまんべんなく行き渡ります。

そして丁寧に１枚１枚、肉汁をとどめたままの肉を薄くスライス。

焼く、休ませる、スライス。これだけでも３工程かかります。良質な食材を仕入れ、調理にもとことん手間を惜しまない。それが、佰食屋のステーキ丼です。

ここまで来ると、大手チェーン店にはとても真似できません。かかるコストや手間が、到底投資額と釣り合わないからです。

だから、佰食屋には平日も土日も、冬の寒い日も夏の暑い日にも、大勢のお客様が「ここでしか食べられないもの」を求めて、来てくださったのです。

最長4時間待ち、苦肉の策ではじめた整理券配布

全国ネットのテレビ番組でも紹介してもらうようになり、番組が放映されるたびに、佰食屋の行列はどんどん長くなっていきました。

２０１４年４月28日、前日のゴールデンタイムに全国放送された番組がきっかけで、その日は朝の時点でたくさんのお客様がいらっしゃいました。その数のべ１００名以上。たった14席のお店に、キャパシティの10倍を超えるお客様がいっぺんに来てしまったのです。

当然、近隣からクレームがあり、警察の方が来られました。「人が歩道を占拠して、歩けなくなっている。なんとかしなさい！」とおかんむり。でも、なんとかしてほしいのはこっちのほうです。「助けてください！」と叫びたいくらいでした。

ずらっと並んでいるお客様に、とりあえずどこか別の場所で待機してもらわなければ

ばいけない……そう考えて、苦肉の策でメモ紙に番号を振り、「○時にお越しください」と、整理券をお渡ししたのです。

結局、その日13時に整理券をお渡しした最後のお客様にステーキ丼を食べていただけたのは、17時のこと。最長4時間もの間、お待ちいただくことになりました。翌日も同じように長蛇の列。その日から、整理券配布を正式に佰食屋の制度として取り入れたのです。

結果として、これが大正解でした。

朝9時半から整理券の配布をはじめ、11時から順次お越しいただくようご案内します。お店にわざわざ2回来ていただく形になるため、お客様にはご面倒をお願いすることになります。けれどもそのぶん、ずっと列に並んで暇を持て余してしまうことなく、好きなように時間を使っていただけます。

佰食屋のある西院という町は、京都でも繁華街ではなく、観光地から少し離れた住宅街で、暇をつぶせるようなところはあまりありません。にもかかわらず、いまや全体で50%が観光で来られたお客様であり、日本中、そして世界中から、わざわざ佰食屋へ足を運んでくださいます。「待っている間に着物を着付けてもらって、ごはんを食べた後に町歩きをする」「金閣寺まで足を伸ばすので、13時にまた戻ってきたい」など、来店時間を相談されることもあります。

2店舗目 「すき焼き専科」オープン

軌道に乗りはじめた佰食屋の経営でしたが、わたし自身にもターニングポイントが訪れました。出産です。

国産牛ステーキ丼専門店 佰食屋 右京区西院矢掛町21シュール西院1F

★お戻りのお時間
★Please return
★가게에 되돌아 와 주세요
11:20 にお戻りください。

★前のお客様のお食事のスピードによって、ご案内時間は前後することがあります。何卒ご了承ください。
We sometimes have you wait. Please accept it.
우리들은 때때로 당신에게 기다리게 할 때가 있습니다. 아무쪼록 양해 바랍니다

★時間内に戻られない場合、お食事のお時間が短くなったり、大幅に遅れられる場合は時間変更やキャンセルになることがあります。何卒ご了承ください。
If you're late, your meal time becomes short. If you're late substantially, your meal time is changed or canceled . Please accept it.
시간에 늦으면 식사 시간이 짧아집니다. 대폭으로 늦으면 최후의 시간으로 변경이 되거나 취소가 될 것이 있습니다. 양해 바랍니다.

★キャンセルの場合も、整理券はお店までご返却をお願い致します。
When you cancel your reservation, please return this ticket to us.
예약을 취소할 때에는, 이 정리권을 우리들에게 돌려줘 주세요.

★キャンセルの場合は必ずお早めにお電話ください
075-322-8500

★20食限定のハンバーグは早めに売り切れる場合がございます。ご了承ください。
The hamburg steak is sometimes sold out, because we prepare only 20 meals a day.
20 식 한정 햄버거 매진되는 경우가 있습니다. 양해 바랍니다.

HYAKUSHOKUYA

その年、待望の長女が生まれ、産休・育休に入るため、ずっと店頭に立つわけにはいかなくなりました。幸い、その頃には従業員たちもたくましく育ち、安心してお店を任せられるようになってきました。「この人なら店長を任せてもいい」と思える人が出てきたのです。

その方には、正式に佰食屋の店長をお願いすることにしました。Yさんはお客様思いの明るい子で、お客様からも「今日、Yさんいる?」とよく尋ねられるほど慕われていました。「いつか自分のお店を持ちたい」という夢を持っていたので、彼女のキャリアを後押しすることができれば、と店長に就任してもらったのです。

そして、もう一人の従業員Sさんも、不器用だけれど、黙々と真面目に仕事に取り組む方でした。これからの成長も見込めるし、活躍の場も広げてあげたい。

そう考えて、２０１５年3月29日に京都の河原町に「佰食屋すき焼き専科」をオープンしました。

西院の1店舗目はすでに業務を完全に従業員に任せられるようになっていましたし、すき焼き専科でも、オープンして半年後くらいには夫も現場の仕事から離れ、建築士としての不動産業にシフトしていきました。

創業から3年、ついに夜の営業を完全に廃止

2店舗体制になり、長女の子育てと経営を両立しながらやっていくなかで、二人目の子どもを授かりました。わたしは考えざるをえませんでした。

もしこの子が生まれたら、きっとまたお店に立つ時間は減るだろう。

今度は長女の保育園の送り迎えもはじまる。

そう考えると、ランチだけで１００食完売しなかったときでも、とても店を夜まで開けておくことはできない。

じゃあ、それを従業員たちに任せる?

いや、わたしができないことを従業員にお願いするのは、申し訳ない。

それなら思い切って、夜営業はやめてしまおう。

決意して、佰食屋は17時半からの夜営業をついにやめました。

こうして佰食屋は、平日も土日も14時半までしか営業しない、ランチだけのお店になったのです。オープンから約3年が経った頃でした。

ランチしか営業しない、と決めたことで、残念がるお客様もいらっしゃいました。ご家族そろって晩ごはんに来られる人もいましたし、心苦しい決断であったのはたしかです。

けれども、夜営業をやめたことで、思わぬ波及効果がありました。

反対に「ランチを目がけて来られるお客様」が増えたのです。

それまでは、ランチタイムに80食売れても、夜営業に20食売れるかどうか、ギリギリなときもありました。お客様が「夜はもう品切れしているに違いない」と先入観を持って、来店機会を逃してしまっていることもあったのでしょう。

なにかを捨てることで、得られるものがあります。

思い切ってランチ営業のみにしたことで、昼食を考える際、ランチでしか食べられないなら真っ先に「佰食屋に行ってみよう」と、頭に思い浮かべてもらえるようになったのです。

結果として、平日も土日も毎日ランチタイムだけでほぼ１００食を売り切ることができるようになりました。

3店舗目
「肉寿司専科」オープン

2店舗目のオープンから約2年後。

2017年3月1日には、錦市場という京都随一の観光名所に、3店舗目となる「佰食屋肉寿司専科」をオープン。そして2018年6月4日からは、ジェイアール京都伊勢丹で、週に2日（月と金）だけ、20食限定の肉寿司弁当を販売するようになりました。

「店舗を増やそう」という考えが先にあったのではなく、あくまで従業員の成長にふさわしい環境を用意できれば、と、一人ひとりのやりたいことと向き合って、決めていったことです。

創業前、ビジネスプランコンテストで「アホらしい」「うまくいくわけがない」と、けちょんけちょんに言われた佰食屋の仕組み。それが、いまでは「すばらしいビジネスモデルですね」「本当によく考え抜かれていますね」と、経営者やメディアのみなさまに褒めていただけます。なんだか不思議な気持ちです。

佰食屋として、あるいは中村朱美として、たくさんの賞もいただきました。

２０１５年の「京都市 真の『ワーク・ライフ・バランス』推進企業 特別賞」を皮切りに、「経済産業省 新・ダイバーシティ経営企業１００選」「人間力大賞 農林水産大臣奨励賞」「日経ＷＯＭＡＮ ウーマン・オブ・ザ・イヤー ２０１９ 大賞」など、13もの賞を受賞することができました。

はじめから、なんでもうまくいったわけではありません。

自分が嫌なことは従業員にもさせたくない、自分が働きたい会社にしたい、「頑張れ」なんて言いたくない、仕組みで人を幸せにしたい……必死で考えて、少しずつ出来上がってきたのが、現在の佰食屋です。

けれどもこのビジネスモデルは、これが完成形ではありません。「神は細部に宿る」

という言葉のように、「これこそが完璧」と思う気持ちは、奢りです。時代が移り変わる限り、つねに理想となる姿は変わっていくはず。

ですから、それを見出すのが、わたしの役割だと考えています。

100食限定というビジネスモデルが生み出したもの

佰食屋が、「1日100食限定」を掲げたとき、この数字にはなにも確信めいたものはなく、「なんとなくキリがいいから」と、拍子抜けするくらいの理由で決めたことでした。

けれども結果として、100食という「制約」はすべてのブレークスルーを生み出しました。それはそのまま「佰食屋」という「屋号」になり、「限定」というお客様の「来店動機」となり、「売上ファーストではなく従業員ファースト」という「経営方針」にもなり、ついには従来の業績至上主義とは「真逆の働き方」が出来上がりました。

具体的には、次のようなことが挙げられます。

メリット１「早く帰れる」退勤時間は夕方17時台
メリット２「フードロスほぼゼロ化」で経費削減
メリット３「経営が究極に簡単になる」カギは圧倒的な商品力
メリット４「どんな人も即戦力になる」やる気に溢れている人なんていらない
メリット５「売上至上主義からの解放」よりやさしい働き方へ

いったい、それはどういうことなのか。
詳しくは次章でお伝えしていきます。

第2章

100食という「制約」が生んだ5つのすごいメリット

もう売上を追いかける必要なんてない

佰食屋とは、一言で言うと「サービスを極限まで絞ることで売上を上げているお店」です。また、言い方を変えれば、１００食限定とは「それ以上の売上を諦める」ということでもあります。サービスを絞り、売上を諦めることで、通常の会社ではありえない劇的な変化がいくつも起こりました。

不況にあえぐ経営者、形だけの働き方改革に戸惑う従業員。どちらの大変さもわかります。でも、このような状況をつくり上げてきたのは、ほかでもないわたしたち自身の働き方であり、その働き方を強いてきた経営者の責任です。

つまりは、終わりなき「業績至上主義」がもたらした結果。

だから、単純に思うのです。みんなが、売上を追いかけてうまくいっていないのなら、もうそれを追いかける必要なんてないんじゃないかって。

メリット１「早く帰れる」
退勤時間は夕方17時台

佰食屋の営業時間は11時から14時半もしくは15時まで。最長でも4時間のみ。この時間で１００食を売り切ります。

ですからたとえ正社員でも、どんなに遅くても17時45分には帰ることができます。もちろん、残業はありません。

正社員は勤務時間を自分で決めることができます。出勤は朝の9時か9時半、退勤は16時の時短勤務か、17時、17時半、17時45分のいずれかから選ぶ、という仕組みです。「いまは子どもが小さいから短時間で働きたい」「月・水・金曜日は、親がデイサービスに通う手伝いがある」子育て中、あるいはご家族を介護している人など、仕事と両立しなければならないことがある人はたくさんいます。そういった状況に柔軟に対応できるよう、勤務時間にはバリエーションを持たせています。一度決めた後でも、ライフスタイルに変化があれば途中から変更できます。

アルバイトはもっと自由です。

1日2時間だけ働いている人もいますし、週2回だけシフトに入る人もいます。一人ひとりがどれだけ働きたいのか、どんな働き方をしたいのかは、違うはず。ですから、シフトも勤務時間もそれぞれ異なる組み合わせで、多様な働き方が混在しています。

もちろん、有給休暇はみんな完全に消化しています。

長期休暇も土日祝の休みも希望どおり取得できます。「飲食店ではありえない」と思われるかもしれませんが、14連休をとった従業員もいました。

「一人でもいなくなると、お店が回らなくなる?」そんな状況を生み出しているのは、経営者の怠慢でしかありません。

佰食屋では1店舗につき、1日最低でも5人が出勤します。現在、3店舗に対して正社員は13名、アルバイトも含めると30名ほどの従業員数。いざというとき、安心して休めるように、かなり余裕を持って従業員を採用しています。結果として、佰食屋にはさまざまな背景を持つ従業員たちが働くようになりました。

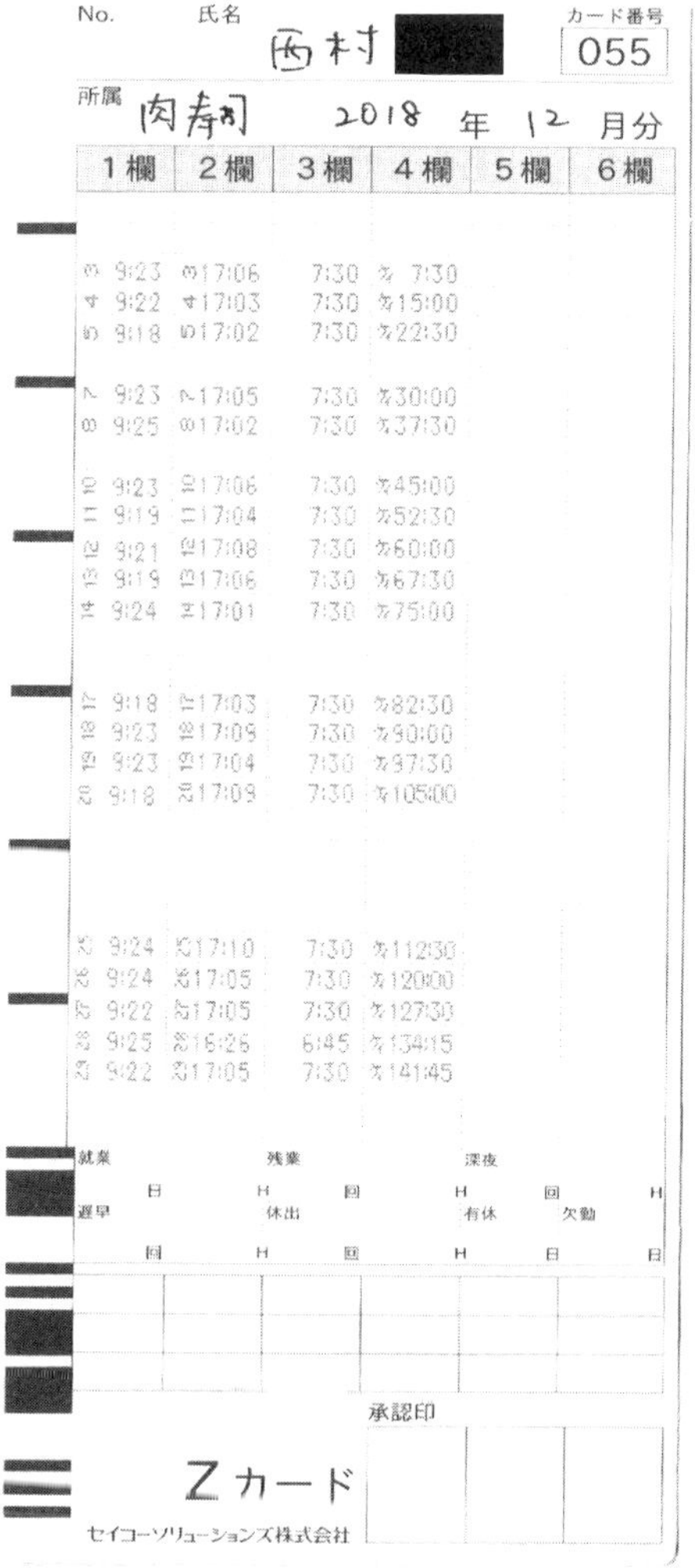

No.　氏名　西村 [redacted]　カード番号 055

所属 肉寿司　2018 年 12 月分

1欄	2欄	3欄	4欄	5欄	6欄
3 9:23	3 17:06	7:30	7:30		
4 9:22	4 17:03	7:30	15:00		
5 9:18	5 17:02	7:30	22:30		
7 9:23	7 17:05	7:30	30:00		
8 9:25	8 17:02	7:30	37:30		
10 9:23	10 17:06	7:30	45:00		
11 9:19	11 17:04	7:30	52:30		
12 9:21	12 17:08	7:30	60:00		
13 9:19	13 17:06	7:30	67:30		
14 9:24	14 17:01	7:30	75:00		
17 9:18	17 17:03	7:30	82:30		
18 9:23	18 17:09	7:30	90:00		
19 9:23	19 17:04	7:30	97:30		
20 9:18	20 17:09	7:30	105:00		
25 9:24	25 17:10	7:30	112:30		
26 9:24	26 17:05	7:30	120:00		
27 9:22	27 17:05	7:30	127:30		
28 9:25	28 16:26	6:45	134:15		
29 9:22	29 17:05	7:30	141:45		

就業　日　残業　H　回　深夜　H　回　H
遅早　回　H　休出　回　H　有休　日　欠勤　日

承認印

Zカード
セイコーソリューションズ株式会社

子育て中の人はもちろん、妊娠中の人、就職氷河期世代で正社員経験がなかった人、シングルマザー、ロスジェネ世代、70歳を過ぎたおばあちゃん、難聴という障がいがある人、外国人留学生……。

こうして佰食屋は、経済産業省が認定する「新・ダイバーシティ経営企業100選」に選ばれるほど、ダイバーシティを実現した会社となりました。

目標がたった1つだから上がるモチベーション

佰食屋で働く従業員にとって、目標はたった1つです。

「1日100食売ること。そしてそのなかで、来られたお客様を最大限幸せにすること」。たったこれだけです。

100食を達成するために、みんなが一丸となって視線を合わせながら、仕事を行います。90食を超えるあたりになると、あと10食、9食、8食……とカウントダウン。そして、最後の100食目を達成すると、「今日もいけたね！」とみんなで讃え合う。営業時間の終わりにそんな爽快な気分が生まれます。

しかも、これが「毎日」です。

この雰囲気がお客様にも伝わったのか、とあるウェブサイトに嬉しい書き込みがありました。

「お客様も多くて忙しそうだけど、みんなイライラしたり、バタバタしたりしているわけじゃない。テキパキとしていて、まるでサッカーをしているような連携があって、それぞれ楽しそうにパスを回しているみたい」。

まさに、佰食屋が目指している姿でした。

朝9時半から整理券を配りはじめて、一気に100枚配り終えてしまう日もあります。そんな日は「どんなお客様が何時に来られるか」を朝のうちからみんなわかっています。ですから、わたしが「いい接客をしてね」と言わずとも、従業員みんなが心に余裕を持って接客することができます。

12時に1歳のお子様がいるご家族が来られる、とわかっていれば、到着される前に子ども用の椅子を設置してお待ちすることもできます。店員に言わなくても子ども用の椅子が置いてあるって、自分がお客様の立場だったらとても嬉しいことですよね。

佰食屋では「従業員のモチベーションアップを図るには」なんて考えたことがありません。お客様がひっきりなしに来られて忙しいときでも、１００食まで、という「終わり」が見えているので、最後のお客様に「本日完売です！　ありがとうございました！」とテンションを上げてご挨拶ができる。お客様に、心からのありがとうを贈ることができるのです。

営業時間ではなく売れた数を区切りにする

佰食屋とほかの飲食店の働き方の大きな違い。それは、佰食屋では「営業時間」ではなく「売れた数」を区切りにしていることです。

通常の飲食店の場合、労働の区切りは「時間」です。

特に忙しい日になると、「もう13時なのに今日はお客様が途切れそうにない」「閉店も近いのにお客様がまだこんなにいる。まだこれから明日の仕込みがあるのに」と、従業員は心のどこかでうんざりしてしまうでしょう。

反対に、100食という「売る数の上限」を決めている佰食屋では、お客様が多い日＝忙しくない日になります。

なぜかというと、お客様が早くに集まるぶん、整理券を早く配り終えることができて、自動的に営業時間中は厨房と接客に専念できるようになるからです。せっかくお越しいただいたお客様の姿を見て、マイナスな気分が生まれることはありません。

多くのお店は、土日や連休に従業員を確保することに、とても苦労していると聞きます。ゴールデンウィークなんてもってのほか。どんなに忙しく働いても時給が上がるわけではありませんし、同じ給料をもらって働くなら、なるべく暇なときのほうがいい。

むしろ、そう考えるのが普通の感覚、ではないでしょうか。

けれども佰食屋では不思議なことに、みんな土日や祝日にシフトを入れたがります。「売れた数」を労働の区切りにしているため、土日祝日だからといって、「いつもより忙しい」とか「営業時間が延びる」ことが絶対にないからです。正社員から、「平日休みの方がいいんです！」と言われたことさえあります。

つまり「早く帰れる」はお金と同じくらい魅力的なインセンティブ

ただ佰食屋だって、正社員は、土日祝日だからといって給料が上がるわけではありません。でもみんな、こぞって働きたがる。それはつまり、「早く帰れる」ことはお金と同じくらい魅力的なインセンティブだ、ということでしょう。

「まだ空が明るいうちに仕事を終える」のが、どんなに嬉しいことか、そして、どんなに難しいことか。「早く帰れる」ことが、なぜそんなにモチベーションになるのか。残業が当たり前の企業や、長時間労働が常態化している飲食店に勤めたことのある人なら、おわかりいただけると思います。

佰食屋に勤める従業員たちは、少なからずそういった環境で働いた経験のある人ばかりです。佰食屋に入社して、早く帰れるようになって、みんなの人生が変わりました。

入社してから彼女ができて、結婚して子どもができて、育休をとった男性社員がいます。仕事が終わってから、婚活パーティーに行く人もいます。「親に子どもの送り迎えを頼まなくてもよくなった」と喜ぶ人、自分のやりたいことと仕事を両立させ、DJ活動をしている人までいます。

従業員にとって、「自分の好きなことに使える時間が必ずとれること」そして、「会社が必ずそれを認めてくれること」は、日々の暮らしを成り立たせる、とても価値ある安心材料なのです。

自分が幸せかどうかを決めるのは自己決定権

仕事から早く帰れることで、いろんな「いいこと」があります。

18時までに帰れるようになったわたしは、言葉に出して言えるくらい、毎日「幸せ」と思えるようになりました。

それはなにも、特別なことができるようになったからではありません。

わたしの場合、食べることがなにより好きです。夫のつくってくれた晩ごはんを18時頃に食べて、子どもたちとお風呂に入って、我が家には20時頃にもう一度お楽しみがあります。「おやつタイム」です。子どもたちはお菓子、わたしたちは晩酌。

思い返せば、わたしが子どもの頃も同じように、晩ごはんを早く食べた日にはおやつタイムが許されていました。その時間はわたしにとって、とても幸せなものだったのです。

晩ごはんの後に子どもとお菓子を食べる、なんて非常識でしょうか。

でも毎日、仕事が終わってからこれほどゆっくりとした時間を過ごすのは、本当に贅沢なことだ、といつも思います。

わたしにとっての優先順位は家族との時間ですが、それが友達と飲みに行くこと、という人も、趣味に打ち込むこと、という人もいるでしょう。

人生の幸せがなにで決まるか。

わたしがいちばん大切だと考えているのは「自己決定権」です。

就業時間も、働き方も、自分で決める。やる仕事も、役職も、そして、仕事の後の時間をなにに使うかも、自分が決められる。

それこそが、納得のいく幸せな人生だと思うのです。

丁寧に暮らしたい。でも、物理的な時間はどこにある？

花瓶に花を活ける。植木に水をやる。

3月には雛人形を、5月には兜を飾って、クリスマスにはツリーを飾る。お正月には玄関先にしめ縄を掲げて、「あけましておめでとう」と言う。

朝、子どもを保育園へ連れていくとき、「早く靴を履きなさい！」と、焦って叱ることもありません。雪が積もっていたら、「わぁ、ちょっと遊んでいこか！」と、小さな雪だるまをつくって、雪合戦をする。

なに気ない毎日を丁寧に生きられる心の余裕——。

「丁寧に暮らしたい」「毎日を大切に生きたい」という言葉を、よく耳にします。けれどもその願いは、そもそも物理的に時間を確保しなければ、実現不可能です。

そして残念ながら、日本に住む多くの人が、その時間すら持てず、日々の仕事に追い立てられている……なんて理不尽なことでしょう。「みんなそうしているから、しかたない」そんなふうにあきらめていいのでしょうか。

道端に咲く花を、美しいと思える。庭の落ち葉を拾って、手入れする。一瞬でも見逃すことのできない、子どもの成長をそばに感じられる。そんな日常を取り戻してほしい。

心の余裕と時間は、ベーシックインカムより前に人生において保障されるべきものだ、と思うのです。

収入に上限を決める穏やかな成功

多くの方が、人生の大半を仕事だけに費やしてしまっています。「そんな状態を会社から強いられている」と言ったほうが正しいのかもしれません。

会社や経営者の論理では、「事業成長を目指すべき」「業績を伸ばすことが責務」といった価値観が優先されるのかもしれません。

けれども従業員にとっていちばん重要なのは、自分のための時間です。

会社は、従業員によって支えられています。それなら、彼ら一人ひとりの時間も、尊重されるべきです。

わたし自身、経営者ではありますが、事業成長には興味がありません。それよりもっと、穏やかな幸せ、穏やかな成功を求めています。よく、夫と二人で、なにに幸せを感じるのか、自分たちの価値観について話し合うことがあります。

服や宝飾品には興味がないし、車は動けばいい。家はちゃんとしたものを、とマイホームを建てたけれど、食事はおいしければ、贅沢しなくていい。ただ、年に2回は海外旅行に行きたいので、そのぶんのお小遣いは確保したい……。

そこから逆算して自分たちの働き方を決めたら、おのずと佰食屋の事業規模、売上の上限、働く時間の上限も決まってきました。

わたしたちは、佰食屋で「1日100食」という売上の上限を決めたように、自分たちの収入にも上限を決めたのです。

社員の声　Nさん（女性）

——入社の経緯を教えてください。

Nさん　入社したのは2018年の2月です。動機は正直に「時間を優先したい」というのがいちばんにありました。かつ自転車で来れる距離というのと、個人的に元々お客さんとして来ていて、おいしいなと思っていたこともあって。これまでの職場もずっと飲食でしたが、やっぱり出すものがおいしいと思えていないと働きたくないですよね。

——これまではどんな仕事をされていましたか？

Nさん　前職は給食の調理団体、その前は個人経営のお寿司屋さんでした。お寿司屋さんはみなさん想像どおりの厳しい場所です。昔ながらの料理人の世界は縦社会です。「いちばん下の子はどんな理由があっても休みの時間は掃除する」とか。それが当たり前でしたし、仕事を楽しむという場所ではありません。ひたすら頑張るしかなかったですね。そのぶん、いろいろと教えてもらえたことは確かです。そのあと勤めた給食団体の会社は、朝の4時台に家を出て、朝食から夕食までの給食をつくって、帰るのは20時過ぎでした。なので、冬場なんて1日1回も太陽を見ないんです。店舗と違って、ずっと厨房なので人との接触もあんまりないし、音もない。ずっと暗闇の世界でした。

――佰食屋に来て驚いたことは？

Ｎさん　まずは、本当に昼だけで営業が終わるんだ……！　ということですね。ちゃんと整理券が配られて、売り切れて、１００食という目標もわかりやすくて。なんかこんなの言ったらだめなんですけど、ゲーム感覚の最終の到着地点というか。「クリア！」みたいな感じはちょっとあります。１００食のなかには、お持ち帰りもあって、それも数に含まれるんです。なので、お持ち帰りの注文がたくさんあったら、めっちゃ早く終わります。最短で13時半とか。だから営業時間がたった2時間半の日もあるんですよね。

――早く帰れたぶん、なにをされていますか？

Ｎさん　趣味でＤＪをしています。飲食店ってふつう土日は休めないんですけど、定期的にちょこちょこ土日も休みをいただいて、好きなことをさせてもらってます。あとは、「お付き合いしてる人と食事に行く」という理由でも「ぜひ楽しんでください」と休ませてもらえるのが、ほかの飲食店ではありえないことだと思います。彼にも言われたんですよね。「前と全然違うね」って。

表情というか、前はやっぱりこうニコニコしてなかったと言われました。余裕がなかったので家のことも全然してなかったし。ケンカも減りました。心が安定してるな、と思います。

メリット2「フードロスほぼゼロ化」で経費削減

100食限定、そして、整理券というビジネスモデルは、「フードロス」という視点でも思わぬ成果を呼び込みました。

まず、予約もキャンセルもないので、余計なフードロスが発生しないのです。

ネット予約が当たり前のいまの時代に電話予約すら受け付けず、整理券をお渡しするなんて、お客様に不評なのでは？　と思われるかもしれません。

遠方から来られるお客様も多いため、「なんとか電話予約できませんか？」と聞かれることはたくさんあります。けれどもわたしたちは頑なに予約をお断りし、整理券でご案内しています。

その信念を貫くのには、理由があります。

電話やネットでの予約と、対面での整理券での配布で、もっとも違う点は「顔を合わせるか否か」です。

佰食屋へ足を運んでいただいたお客様に、「○時にまたいらしてくださいね。お気をつけて、お待ちしています」とご挨拶してから整理券をお渡しすると、その時点で「顔なじみ」の関係が生まれます。すると不思議なことに、「ノーショー（No Show）」という、いわゆる無断キャンセルをされるお客様が格段に少なくなるのです。

「20人のコース予約が入っていたのにお客様と連絡がとれない」――悲痛な叫びをニュースで見聞きされた方もいるでしょう。

あるレポートによると、無断キャンセルによる飲食店の被害額は「推計年間2000億円にも上る」と言われ、いま深刻な問題になっています。それが佰食屋では、キャンセルされる方は1か月に2、3人いるかいないか。その率は0・1%に満たないのです。

また、電話予約を受け付けてしまうと、耳の聞こえない方や日本語の話せない海外のお客様にとっては不公平になります。あえて、顔を合わせる、というひと手間をお客様にお願いすることで、無断キャンセルの防止、ひいてはフードロス削減につながり、そのぶん、しっかりと食材の質に原価を上乗せすることができるのです。

飲食店に絶対にあるはずのものがない

佰食屋がメディアからの取材を受けると、そのたびに驚かれることがあります。

それは、3店舗とも「冷凍庫がない」ことです。

多くの飲食店では、一度になるべく多くの食材を仕入れて、原価率を低く抑えようとしています。そのために、冷凍庫は必須です。

けれども、どんなに冷凍技術が発達したとはいえ、一度牛肉を冷凍してしまうと、どうしても味が落ちてしまいます。ですから、佰食屋では牛肉を冷凍せず、毎日１日で売り切れるぶんしか仕入れません。

それができるのも１００食限定だからです。

使う分量が決まっていれば、仕入れる食材の量も一定になります。営業終了時には冷蔵庫すらほぼ空。毎日きれいに冷蔵庫の拭き掃除ができるほどです。

つまり、佰食屋はフードロスを限りなくゼロ近くにまで削減できているのです。

食材の発注量が一定であることは、卸業者にとっても嬉しいこと。地元企業の方にも「安定収入になる」と喜んでいただけます。

佰食屋の仕入れ額は、そのおよそ8割を牛肉が占めていますから、相当な金額のやりとりがあります。ですから、いつも「いい肉が入りましたよ」と、わたしたちに真っ先に教えてくださるのです。

たとえば、ほかの取引先が急きょ発注をキャンセルしてしまうことがあります。肉には消費期限がありますから、肉屋さんは大慌てです。そんなとき、「いつもと同じ値段でかまわないので、この肉を買ってもらえませんか」と、いつもよりさらに上等な肉を用意してもらえることもあります。「困ったときは、おたがいさま」です。

もう1つ、フードロスが起こりがちなのが「ごはん」です。

一般的なお店では、お客様がどれくらい来られるかわからないので、見込みでごはんを炊く量を決めるしかありません。

けれども佰食屋では、「限定100食」と決まっているため、「あと20食必要」というときは、一人当たりの量と、仮に大盛りにする方が20％いると仮定して、細かな計算の上で追加のごはんを用意することができます。少し余ったとしても、従業員のまかない飯で、きれいにおひつは空っぽです。

フードロス削減は労働時間すら減らせる

フードロスは、いま社会的に注目されている課題です。

農林水産省の統計によると、２０１５年度、日本でまだ食べられるのに廃棄された食品の推計値はおよそ６４６万トン。国民一人あたりに換算すると、毎日お茶碗約１杯分の食べものが捨てられていることになります。

率直に、もったいないと思いませんか？

佰食屋がフードロス問題に取り組むようになったのは、「社会にいいことをしよう」と、意識していたわけではありません。ただ「もったいない」という気持ちに正直に従っただけです。それは、わたしの主婦としての素直な感覚だったのかもしれません。

家でごはんをつくるとき、まだ食べられるものを捨てたりしませんよね。残ったごはんは冷凍するし、すじ肉は大根と炊いて、すじ煮込みにする。それと同じ感覚です。

いま、佰食屋の取り組みに注目した京都大学の研究チームが「なぜ佰食屋はほとんどフードロスを出さないのか」「フードロス削減が企業の利益にどう影響するのか」を研究するため、各店舗から出るゴミを回収して分析してくださっています。

そして、フードロスを削減することは、環境にいいだけではありませんでした。わたしたちの労働時間をも削減することができたのです。

営業時間中、13時半を過ぎると、そろそろ100食の目処が見えてきます。残り20食分の下準備を終わって、ごはんも炊いたら、どんどん次の日へ向けて仕込みをはじめます。いたずらにいつまで来られるかわからないお客様を待つ必要はありません。

ステーキソースをフランベしたり、肉寿司の軍艦巻きに使う肉そぼろをつくったり……。今日できることはどんどんやっておきます。明日のわたしたちが、少しでもラクできるように。

すると結果的に、労働時間をどんどん短くすることができるのです。

これがもし、100食という上限がなく、いつまでも営業時間がつづくお店であれば、なかなか日中から明日の仕込みをする、なんてことは難しいですよね。

メリット3「経営が究極に簡単になる」カギは圧倒的な商品力

1日100食限定、ひたすらにおいしいメニューを、圧倒的なコストパフォーマンスで提供し、お客様に心から満足いただく。

わたしたちがしていることは、たったそれだけです。

「商品力」に集中すると生まれたものは、圧倒的なコストパフォーマンスでした。

看板メニューのステーキ丼は、国産牛と国産米しか使っていません。食材にも調味料にもこだわり、ソースも自家製でつくった特別なもの。お客様に一口で「うわ、これおいしい!」と満足していただきたいから、原価率も常識破りの約50%。

これを「税別1000円」という破格値で提供しています。

普通に京都・大阪のほかのお店で提供しても、1・5倍の価格になるでしょうし、東京では2倍してもおかしくないくらい上等なものです。

なぜそれが可能なのか。

すでにお伝えした通り、佰食屋では塊で肉を仕入れ、お店で毎日さばいているからです。精肉済みのものを仕入れると、おそらくいまの1・5倍の価格になるでしょう。

より詳しく、ステーキ丼を提供する西院店を例にご説明します。

メニューはA：ステーキ丼、B：おろしポン酢ステーキ定食、C：ハンバーグ定食の3種類ですが、AとBは同じ牛肉の部位を使っています。

毎日だいたい10〜15kgの塊肉を2本ずつ仕入れ、脂肪やスジを丁寧に取り除きます。そして、ステーキにする部位を切り分け、切れ端や形のいびつなものはミンチにしてハンバーグに、スジ肉は醤油や赤ワインなどと煮込んで特製ソースにします。

一般的には、ブロックから取れる可食部分の割合は75%ほど。通常の飲食店では、実に25%は捨ててしまっています。

けれども佰食屋の場合、およそ90%を食材として使っています。なぜなら、通常の飲食店では捨てている部分を煮込んでソースの旨味を出すために使ったり、毎日新鮮で良質な牛肉を仕入れてすぐに調理するため、変色したり乾燥して捨てるような部位がほとんどないからです。

みずから手間暇をかけることで、良質な肉を安価で提供することができる。

このような仕入れ方が可能なのも、１００食という数の上限と、メニューが３つしかないおかげで、毎日使う分量が決まっているからです。

商品力の基準はミシュラン掲載店並み

一口に「商品力」と言っても、どのレベルを目指しているのか。

具体的に佰食屋が意識しているのは、「ミシュランガイドに掲載されるお店の料理に匹敵するものを、圧倒的なコストパフォーマンスで実現すること」です。

たとえば、肉寿司では低温調理法を採用していて、特別な調理器具を使い、牛肉の柔らかさを保てるギリギリの温度で、ゆっくりと肉の中心部まで火を入れています。

この調理法は、ミシュランの星付き高級レストランも取り入れているものですが、なかなか大衆向けの店舗で再現することは難しい方法です。けれども、佰食屋では１００食という上限が決まっているからこそ、手間のかかる調理法をあえて取り入れることができます。

また、オープンキッチンを採用しているのも、結果として佰食屋の商品力を上げるポイントになっています。

カウンターから調理の様子が見えると、お客様にとって「いま、わたしのオーダーした料理をつくってくれているな」という安心感につながります。スタッフにとっても、「お客様から見られている」という緊張感が丁寧な作業を後押しします。

海外ではオープンキッチンがあまり一般的ではなく、外国からのお客様にとって、佰食屋の厨房の様子は一種のアトラクションになっているようです。スタッフたちが一切無駄のない動きで料理を仕上げる様子を見て、「Amazing!」と写真や動画を撮って、喜んでくださっています。

佰食屋流 商品開発の4つの条件

商品・店舗開発にあたって、佰食屋はクリアすべき条件を4つ定めています。

1　月に1回、自分がその金額を出してでも行きたいお店かどうか
2　家庭で再現できないもの
3　大手チェーンに参入されにくいもの
4　みんなのごちそうであること

月に1回、その金額を出してでも自分が行きたいお店かどうか。その判断基準は、「主婦のわたし」にあります。

あまりに価格帯が高すぎると、毎月来るのが難しくなります。わたし自身が、「近

所にこんな店があったら月1でランチに来ようかな」と思えなければ、コストパフォーマンスに優れている、とは言えません。

次に、家庭で再現できないもの。主婦感覚で、「スーパーで具材買ったら同じ物できるやん」と思われるメニューでは、何度も来てくれません。

まず、佰食屋のすべてのメニューで使用されている高品質な牛肉を1人前1000円以内で用意することが難しいですし、ステーキの絶妙な焼き加減とスライス、すき焼きの一人サイズの鉄鍋、肉寿司の低温調理・3種異なる調理にかかる手間暇は、それぞれ家庭で簡単には真似できないものです。

3つめは大手チェーンに参入されにくいもの。これまで佰食屋は数々のメディアに取り上げられていますが、いまだにステーキ丼もすき焼きも肉寿司も、ほかのチェーン店には真似されていません。

でも最近、ローストビーフ丼店はよく見かけますよね？　その理由は、ローストビーフはオーブンで肉に熱を通し、機械のスライサーで薄切りにすれば、その工程にほとんど技術が必要ないからです。しかし、肉は冷めた状態でないとスライサーにかけられませんし、オーブンで焼いた肉は乾燥しがちなため、冷たくてパサパサした食感になる、というデメリットもあります。

一方、佰食屋のステーキ丼は、焼きたてのステーキをまだ熱いうちにスライスして、ジューシーな状態で提供します。

精肉に必要な技術の習得や、調理にかかる手間暇が大変なのはもちろんのこと、そもそも「原価率50％」という設定自体、大手チェーンでは不可能です。とても本部を運営するほどの利益が出ないからです。

そして4つめ。みんなのごちそうであること。

わたしの実家はとても「裕福」とは言えず、外食をしたことがほとんどありませんでした。

少し背伸びした住宅を購入したことで、「うちは貧乏や」と幼い頃から肌で感じる生活でした。土曜日のお昼ごはんは、近所のスーパーで買った30円のコロッケと、ごはんをお茶碗に1杯のみ。お腹が空いたら、片栗粉に少し砂糖を混ぜてお湯でとく「即席くず湯」を自分で勝手につくって食べていました。

たまの外食も、メニューのなかからできるだけ安いものを選ぶほど。子どもながらに気を遣って生きていた記憶があります。

中学校に入学したとき、本当は吹奏楽部に入部したかったけれど、「楽器を買うお金はない」と反対され、しかたなく第二希望のソフトボール部に入部しました。友達が「ファミレス行ってん」「あのステーキおいしかったなぁ」と話す内容についていけず、一人で外食への憧れを募らせていたのが、わたしの子ども時代でした。ステーキ、すき焼き、お寿司。どれもわたしにとっては「ごちそう」です。

そんなごちそうが、毎月気軽に食べられたら……。それが、佰食屋の商品開発の原点なのです。

原価率50%、宣伝費を原価に上乗せする

2012年のオープン当時、日本ではまだインスタグラムのユーザー数は限られ

ていましたが、わたしは大きな可能性を感じていました。

思わず写真を撮りたくなるような見た目にするには、どう盛り付けようか。どんな食器やトレーを使おうか。食べてみたら、どんな発見や驚きがあるだろうか……。そう考えて、商品を完成させました。

こうして生まれた佰食屋のメニューは、「みんなに教えたくなる」ものばかりです。

そして、わたしは「広告費は一切使わない」と宣言しました。来られたお客様が喜んで、満足してくれれば、おのずと口コミで広がっていくはず。お客様一人ひとりがトップセールスマンになってくださるはず。

では、そこでなにを最大の売りにするのか。

それはやはり、コストパフォーマンスでした。

関西の方は人一倍、価格に対する意識が高く、「これめっちゃコスパええやん」と特に評価してくださいます。

飲食店の場合、「メニューの原価率は30〜40％に設定するのが鉄則」と言われています。それを佰食屋は無謀にも50％に設定したのです。

当然、担当の税理士からは「ホンマに止めたほうがいい」と真剣に止められました。けれどもわたしは、そこだけは譲りませんでした。仮に原価率を40％に設定したとしても、思うように売上が伸びなければ、広告宣伝費をかけることになります。原価率40％に広告宣伝費を10％上乗せするくらいなら、はじめから50％に設定しておけばいい――。

そう考えて、よりどりの食材を選びました。

オープン当時、はじめの1か月こそ「失敗した」と悔やんでいましたが、おかげさまで、いまでは毎月のようにメディアに取り上げられます。個人のＳＮＳはもちろん、食べログやGoogleローカルガイドなどの口コミサイトにも感想や写真が投稿され、みなさん、嬉しい声を寄せてくださっています。

それは、決して見た目だけではない、「来てみてがっかり」のない商品力が産んでくれた評価なのだと思います。

ここまで来れば、経営はとてつもなくシンプルなものになります。

1日１００食限定、ひたすらにおいしいメニューを、圧倒的なコストパフォーマンスで提供し、お客様に心から満足いただく。

マーケティングや売上分析、経営コンサルティングなど必要ありません。

メリット4「どんな人も即戦力になる」やる気に溢れている人なんていらない

経営者の方と話をしていると、よくこんな声を聞きます。

「優秀な人材は大企業志向で、なかなかウチの会社に来てくれない」「最近の若者は採用してもすぐに辞めてしまう。堪え性がない」。

たしかに、いまは労働者人口も不足し、特に中小企業にとっては、人を採用するのもひと苦労な時代です。せっかく採用した人がすぐに辞めてしまえば、そう愚痴を言いたくなるのもわかります。しかも、わたしたちが属しているのは、より深刻な人手不足に直面する飲食業界です。

講演でも「どうやって従業員を採用しているのですか？」「教育はどうされていますか？」と頻繁に聞かれます。

佰食屋は、基本的にハローワークでしか求人を出しません。多くの企業が採用広告にかなりのお金をかけているようですが、わたしたちの会社は「掲載料0円」です。

そうお答えすると、「ハローワークだと、なかなか採用基準を満たすような人が見つからない」「もっと仕事ができる人を採用したい」などと返されることもあります。

そもそも「仕事ができる人」って、どんな人でしょうか。

「営業をバリバリ頑張ります！」と意欲的な人。「もっとこういうふうにしたら売上が伸びるのではないでしょうか？」と自ら企画やアイデアを提案できる人。きっとそんな人は、いろんな企業から引っ張りだこでしょう。

けれども、佰食屋ではそういった方は採用しません。

実際、「報道で佰食屋を知った」という地元の大学生が「新卒社員として採用してもらえませんか」と電話をかけてきてくれたのですが、夫は「テレビを見てすぐに電話をかけられるくらいの行動力があるなら、絶対ほかの会社がええで」と断っていました。

採用基準はいまいる従業員と合う人

佰食屋の採用基準は、「いまいる従業員たちと合う人」。それだけです。

面接では、一人につき1時間くらいかけて、どんなふうに働きたいのか、どんな暮らしをしたいのか、じっくりと話を聞きます。

そしてその人が「なるべくたくさん働いて、たくさん稼ぎたい」と考えているのなら、「きっとうちの会社では物足りないと思う」と率直に話します。「100食限定」と決めているのに、「もっと売りませんか？」というそのアイデアで、いまいる従業員たちを困らせたくないのです。

そうやって説明すると、その方も「じゃあ、ほかを受けてみます」と納得してくれます。そんなふうに、一人ひとりときちんと向き合って、面接を行なっています。

佰食屋で採用するのは、どちらかというと、人前で話したり面接で自己PRしたりするのが苦手で……つまり、ほかの企業では採用されにくいような人です。

わたしたちが「従業員第1号」として採用したSくんも、そういう人でした。10人ほど面接に来られたのですが、Sくんはなんと、履歴書を忘れてきたのです。「あなたは……どなたですか？」からはじまる面接なんて、後にも先にもあれっきりです。

彼は、調理師の免許こそ持っていましたが、コミュニケーションが苦手で、おとなしくて、人の目を見て話すことができない人でした。面接したなかには飲食経験者も多く、「大手ファミレスチェーン店でエリアマネージャーをやっていた」という人もいました。けれどもわたしは、Sくんを採用したのです。

その1か月後に採用したYさん……そう、のちに佰食屋の店長を務めてくれた社員です。彼女もまた、面接では緊張しすぎて、ちっとも目を合わせてくれず、なにか尋ねても、ボソボソッと答えるような人でした。「いつか自分でカフェを開きたい」という夢を持っていたにもかかわらず、カフェのアルバイトに応募しても、面接で落とされるばかりだったのです。

ではなぜ、佰食屋はそんな二人を採用したのか。佰食屋には、「アイデア」も「経験」も「コミュニケーション力」も必要ないからです。

まず、佰食屋のメニューは年中同じです。

ですから、「季節限定のメニューを出せばもっと売れるんじゃないですか?」と新しいアイデアを考える人にとっては、少し退屈な会社かもしれません。

そして、メニューはたった3種類です。

ですから、厨房でも接客でも、マニュアルがなくてもわかるくらい、すぐに仕事を覚えることができます。ですから、経験は必要ありません。

佰食屋では、入社すると1週間ほど店舗に入って、先輩従業員がやっているのと同じ仕事をしてもらいます。今日は厨房、その次は接客、と担当範囲を変えていって、仕事を真似してもらうのです。それを1日100食分、つまり「1日100回同じことを繰り返す」ので、やっているうちに体で自然と覚えていくことができます。

また、メニューは3店舗ともA、B、Cにしてあるので、誰でもわかるようになっています。日本語・英語・中国語・韓国語の4か国語で書かれてあるので、いきなり外国人のお客様をご案内しても、指差しだけで伝わります。

最後に、佰食屋は1日100食以上なにがあっても売りません。
ですから、店頭に出て呼び込みをする、といったちょっと勇気がいることもする必要はありません。

結果として、佰食屋が採用した従業員はみんな、話すのがちょっと苦手で、ちょっと不器用で、そんな愛すべき人ばかりです。みんな、言われたことをきちんと真面目にしてくれるし、毎日同じ仕事を黙々とこなすことが得意ですし、どんなお客様にも丁寧に接してくれます。やさしくて、本当にいい方ばかりです。

それが、佰食屋にとっての「仕事ができる人」なのです。
ビジネス書ではよく、従業員の主体性を引き出す方法や、アイデアを生み出す方法について語られています。

けれども、みんながみんな、そういう人になる必要がありますか？
コツコツと丁寧に、毎日決められたことを、きちんとやる。むしろそっちのほうが得意だ、という人も多いのではないでしょうか。「コミュニケーション力がある」ことは、あくまで一人ひとりが持っている「得意なこと」の1つに過ぎない。そして、得意なことは人それぞれ違うのです。

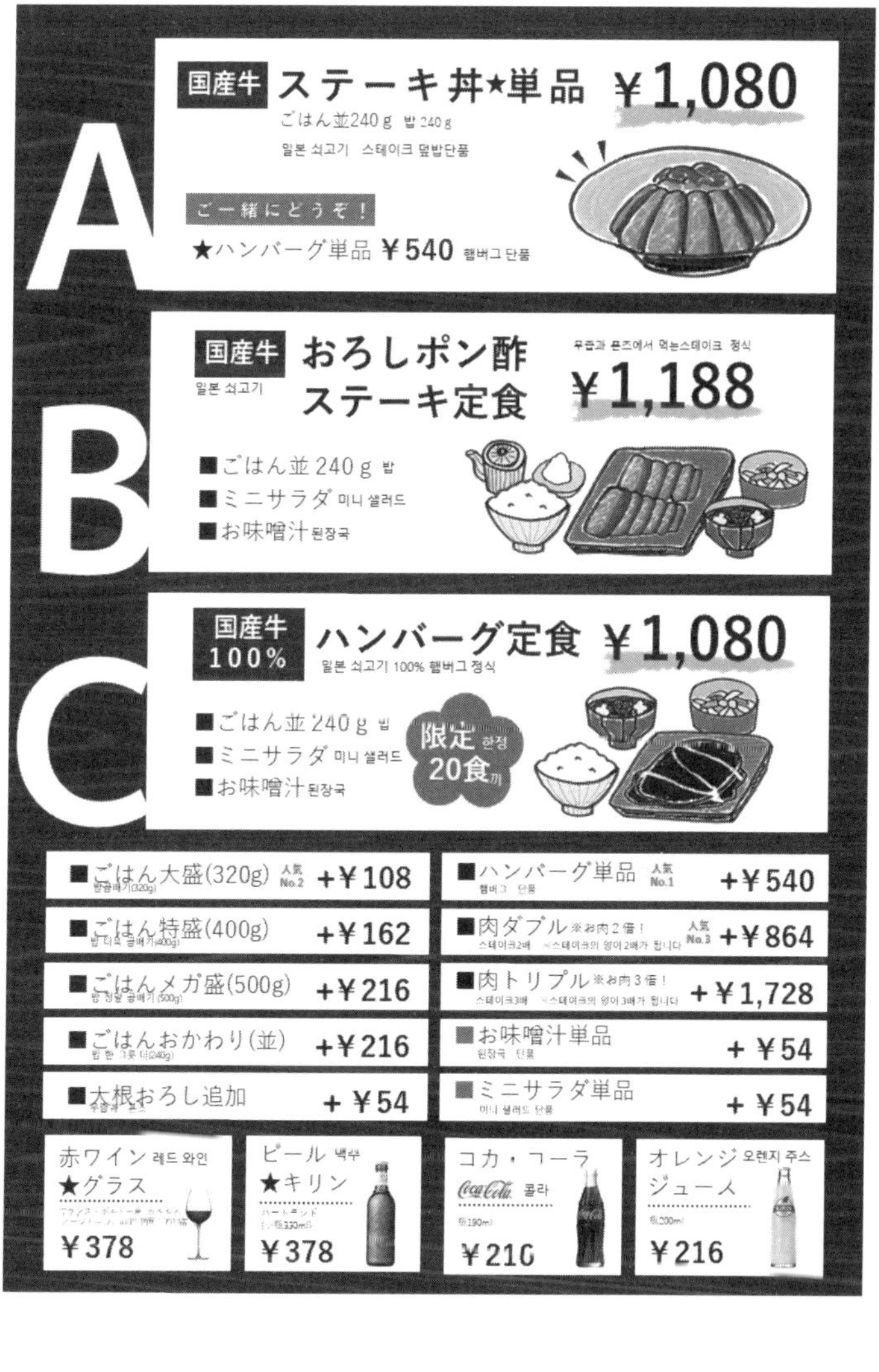
A
国産牛 ステーキ丼★単品 ¥1,080
ごはん並240g 밥 240g
일본 쇠고기 스테이크 덮밥단품
ご一緒にどうぞ！
★ハンバーグ単品 ¥540 햄버그 단품
B
国産牛 おろしポン酢ステーキ定食 ¥1,188
일본 쇠고기
■ごはん並 240g 밥
■ミニサラダ 미니 샐러드
■お味噌汁 된장국
C
国産牛100% ハンバーグ定食 ¥1,080
일본 쇠고기 100% 햄버그 정식
■ごはん並 240g 밥
■ミニサラダ 미니 샐러드
■お味噌汁 된장국
限定 한정 20食 끼
■ごはん大盛(320g) 人気No.2 +¥108
■ごはん特盛(400g) +¥162
■ごはんメガ盛(500g) +¥216
■ごはんおかわり(並) +¥216
■大根おろし追加 +¥54
■ハンバーグ単品 人気No.1 +¥540
■肉ダブル ※お肉2倍！ 人気No.3 +¥864
■肉トリプル ※お肉3倍！ +¥1,728
■お味噌汁単品 +¥54
■ミニサラダ単品 +¥54
赤ワイン 레드 와인 ★グラス ¥378
ビール 맥주 ★キリン ¥378
コカ・コーラ 콜라 ¥216
オレンジジュース 오렌지 주스 ¥216

ロボットでもできる仕事を人間がするからこそ生まれる改善

最近、「ＡＩ（人工知能）に取って代わられる仕事」といった話題をよく耳にします。ならば、わたしたちが大切にしている「コツコツと丁寧に、毎日決められたことをきちんとやる」仕事は、真っ先にＡＩに置き換えられてしまうのではないか。

でも、佰食屋はそれを「あえて」やっています。

佰食屋が従業員にしてもらっていることは、「誰がやってもできること」です。極端に言ってしまえば、ロボットでもできること、なのかもしれません。肉は毎日同じ部位を取り扱いますし、毎日同じものを１００食つくり、提供します。メニューには全部説明が書いてありますし、レジも3店舗全部同じ機種です。年齢・性別・学歴・経験を問わず、誰がやっても、3か月もあれば身体で覚えられます。

でも、毎日毎日同じことを繰り返していると、なにも考えなくても、自然と身体が動くようになります。とにかく「毎日１００食売り切ること」に集中できます。

すると、なにが起こるか。

頭が空っぽになって、ほかのことを考えられる余裕が生まれます。そこがわたしたちの「狙い」なのです。

毎日同じことを繰り返すからこそ、些細な変化や違和感に気づくことができます。

その違和感から生まれるのは、お客様が「もっと過ごしやすくなる」、あるいは自分たちが「働きやすくなるため」の小さな、でも価値あるアイデアです。

「傘の取り間違いを防ぐため、番号を書いた洗濯ばさみを傘につけて目印にするのはどうか」「店員に声をかけなくても好きなだけお茶を飲めるように、ボトルをさまざまなところに配置したい」「海外からのお客様は味噌汁を飲む際スプーンを使うようなので、最初からスプーンをお出しするのはどうか」など……。

本当に細かいところに気づいてくれるので、毎回感心しています。

そのアイデアは、決して来店数と売上額といった定量的なものから答えを出すＡＩから、生まれるものではないでしょう。

誰でもできる仕事をＡＩでなく、人間がやっているからこそ、仕事はどんどんと洗練されていく。

すると、変化のない単調な環境に彩りが生まれ、みんながさらに楽しく、さらに余裕を持って働ける環境になるのです。

そして、その余裕はお客様への心配りにもつながります。

そこに愛はあるんか？愛のない仕事は仕事じゃない

「そこに愛はあるんか？」。

テレビＣＭで聞いたことのあるセリフだと思いますが、これはわたしの口グセです。従業員たちにいつも、大地真央さんばりにドスを利かせて、問いかけています。

たとえば、ステーキ丼。

肉を切り分ける担当者が1日につきステーキをスライスする枚数は、１食あたり18枚。１００食に換算すると１８００枚です。何枚も何枚も切り分けていくと、ボーッとしているうちに、ただただ数をこなすだけの作業になってしまいます。

けれども、もしそのステーキ丼のうち、１食を小学生の女の子が頼んでいたら？

いつもの大きさのままでは、一口では肉を噛みきれないかもしれません。それなら、半分の大きさにして、同じ量を32枚に切り分けると食べやすいのではないか。

オーダーが通ったとき、黙々と下を向き作業するのではなく、一目、目の前のカウンターを見上げる。そこに女の子がいることを確認する。そして、やるべきことを実行するのが「愛」です。

愛にはお金がかかりません。けれども手間がかかります。

従業員たちが自分の判断できちんとそれを考え、実行できるか。その手間は愛だ、と教えることが、わたしの仕事だと考えています。

メリット５「売上至上主義からの解放」よりやさしい働き方へ

佰食屋の経営目標は、「１日１００食」のみ。

「そんなにうまくいくわけがない？」果たしてそうでしょうか。そもそもいまの時代、中長期経営計画を立てたとして、いったいどれほどの企業がそれを達成できるのでしょうか。

少子高齢化で日本の労働力人口は減りつづけ、可処分所得は減り、景気動向が上がろうが下がろうが、庶民の暮らしは苦しいばかり。そんな状況で、「前年対比増」を目指しつづけること自体ナンセンスだと思いませんか？

自社努力でシェアを伸ばしつづければ、「不可能」とは言いきれないでしょう。けれどもこの多様性の時代、人によって好みも異なり、その好みすらすぐに変化し、選択肢は増えつづけています。「右肩上がり」のグラフなんて、もはや幻想です。

佰食屋は、右肩上がりの成長を求めません。

中長期的に、「○年に○店舗を出店し、年商○億円を目指します」といった目標は絶対に掲げません。

そして、従業員にも個別の目標はありません。

「社員一人ひとりにＫＰＩ（重要業績評価指標）を設定する」といったアドバイスも聞きますが、佰食屋にはＫＰＩなんていりません。

なぜなら、「お客様からお褒めの声を○件もらう」「１日○枚ビラを撒く」などと数値目標化すると、それを達成することが「会社のため」「経営者（上長）に評価してもらうため」になってしまい、「もっと頑張って、売上を上げなければ」という意識になってしまうからです。

わたしは経営者として、従業員みんなに、「もっと売上を上げなければ」というマインドから解放されてほしい、と思っています。

会社や経営者のご機嫌とりをするのではなく、もっと楽しく働けるようになるため、お客様に喜んでいただくために、できることに取り組んでもらいたいのです。

売上目標なんてじゃま

従業員が売上から解き放たれたことで、佰食屋には、従業員発信のさまざまな改善が生まれました。そして、そのアイデアは、「売上を上げること」よりはるかに高次元の「お客様の満足度」を引き上げるアイデアでした。

たとえば、整理券配布制度。

最初にわたしがはじめたときは、「30分ごとに15名ずつご案内する」と決めていました。けれども2店目のすき焼き専科がオープンしてオペレーションをはじめたところ、「30分ごとに20名、10名と、交互にご案内したほうがいいのではないか」という意見が出たのです。

たしかに、食事のスピードは人それぞれ。食べるのが特に遅い方がいらっしゃると、次のお客様を少しお待たせてしまうか、食事されている方を急かすことになってしまいます。また、厨房の業務スピードやごはんを炊く時間のことを考えると、たしかに理に適っていました。実際にその方法を取り入れたことで、お客様をお待たせしたり、急かしてしまうことが減り、ゆとりを持ってご案内できるようになりました。

これが「売上を伸ばす」アイデアという視点だと、どうだったでしょうか。もしかすると、お客様の食事のスピードに関係なく、「とにかく数を」といった施策が生まれてしまっていたかもしれません。

働くなかで、「本当はこうしたほうが効率がいいのに」「この工程は無意味なのでは？」と違和感を持つことはたくさんあると思います。でも、心に余裕がなければ、多くの人は与えられた業務をこなし、ギリギリに設定された目標値をクリアすることに精一杯です。「そう決まっているからしかたない」と受け流してしまうでしょう。

その小さなモヤモヤが、長い目で見たとき、仕事の効率を下げ、作業の妨げとなってきます。できるだけみんなが楽しく、ストレスなく働くために、目の前のお客様に喜んでもらうために、「売上目標」はじゃまなのです。

佰食屋では、従業員が「お客さんが来ない。どうしよう」と不安になることはありませんし、「メルマガでなにかお得なお知らせを書かなきゃ」「映える写真をアップしなきゃ」と悩むこともありません。

「どうしたら、もっといいお店になるだろう？」「どうしたら、お客様に喜んでもらえるだろう？」と考えるところからスタートできるのです。

佰食屋のメニューがいまのように4か国語対応になったのも、そこが始まりでした。

佰食屋の売上の40％はたった一人の従業員がきっかけだった

西院店の近くには、外国人向けの日本語学校があり、あるとき、その学生が来店してくれました。その学生はどうやら韓国の方で、言葉の通じないわたしたちに、英語と日本語、身振り手振りでオーダーしてくれました。

そのとき、のちに店長となるYさんがおもむろに携帯で検索をはじめました。「韓国語で話しかければ喜んでもらえるのではないか」と思ったのでしょう。

そして「マシッケ トゥセヨ（ごゆっくりどうぞ）」とステーキ丼をお持ちすると、とても喜んでくださいました。そしてしばらくしてまた、ステーキ丼を食べにきてくださったのです。

これをきっかけに、Yさんを中心に外国語の勉強会がはじまりました。英語に、中国語に、韓国語。「みんなが4か国語でステーキ丼の説明ができるようになること」を目指しました。それに合わせて、メニューも4か国語対応につくり変えたのです。

いまでは3店舗どのお店でも、4か国語対応のメニューを使い、外国の方をご案内できる従業員がいます。そのおかげで、全体の40%近くが海外からのお客様です。いまや佰食屋を大きく支える海外からの観光客を呼び込んでくれたのは、いち従業員からはじまった、「目の前のお客様のための行動」がきっかけだったのです。

それにしても、面接で「目を合わせられないほど」緊張して、話すのが苦手だったYさんが、外国の方とのコミュニケーションに力を発揮するなんて、意外でしょう？けれども佰食屋では不思議なことに、たびたびこんなことが起こります。

そして、店長やエリアマネージャーにステップアップする人が出てきています。あるいは、ほかの会社に「優秀な人材」として転職を果たす人もいます。実はYさんもその一人で、佰食屋で5年間勤め上げた後、いまは退社して、彼女の夢だった独立に向かっているのです。

佰食屋は、これまでの暮らしで疲れた人、傷ついた人が羽根を休めるような場所。「やらなくてはいけないことに追われる」毎日から、「やりたいことができる」毎日へ。時間と心の余裕を取り戻すことで、その時間の尊さ、なに気ない毎日を送れることのありがたさを感じることができる。これからの生き方、働き方をじっくり考えることができる場所です。

その結果、佰食屋を卒業することになっても、わたしたちは「おめでとう」と心からエールを贈ります。

社員の声　Nさん（女性）つづき

――これまでの職場での働き方と、どんなところが違いますか？

Nさん　売り上げって結局、お金じゃないですか。全部、計算の世界で。でも、ここはあくまでも「売れた数」なんですよ。なんぼ（どれくらい）がお金になって、ロスがなんぼで、という計算が一切ないし、そこはだいぶ楽ですね。あとメニューも3品しかないので、この材料が余り気味だから、こんなメニューをつくって、というのもないです。居酒屋だと、「お酒をもっと頼んでもらえ」とか、1ケースしか売れなかったら、「なんで今日の集客悪かったのか」とか、書かされるんですよ。でもここは「そういう集客は経営者の仕事やから」と言い切ってくれはるので、現場のことに集中できますね。集中して、料理を喜んで出す、というのは基本の基本なんですけど、それができるのはありがたいです。

――限定100食、というのは多いのでしょうか？　少ないのでしょうか？

Nさん　めちゃくちゃすごい数字とは思わないです。ここは本当に「儲けること」を潔く捨てているな、と思います。前の店だと、すこし異常でしたが、180

食でした。そこから夜の営業もやるので、仕込みの時間もないんです。車通勤で、仕事が終わるのが夜中の1時半とか2時なんですよね。でも、朝も9時半には着いておかないといけないので、メイクも車のなかでしていました。わたしがいちばん若かったので、まかないも毎日。休憩は5分あればいいほうで、立ったままガーッと食べて。座ってまかないを食べられるだけでも嬉しいですよね。さすがに、チェーン店は残業規制でマシになってるかもしれないですけど、個人経営だといまでもそういう世界だと思います。

――もっと儲かるように、とは思わないですか?

Nさん　儲けるんだったら、やっぱりもっと長時間営業ですよね。夜もやる。でも、限定じゃなかったら、お客さんがどっと来るかもしれんけど、仕込みも時間かかるし、営業時間が延びて終わらなかったら、なんで終わらへんのや……ってなるんですよ。そういう意味で、ここは「お客様が神様」じゃないんです。すべての人が対等な関係なんです。「完売しました」って言っていい、とオーナーが言ってくれるので、正直わたしも楽です。飲食でずっとやってはったオーナーじゃないから、できることなんかなと思います。

第3章

佰食屋の労働とお金のリアルな実態

超営業時間が短い会社のシフトはどうなっているのか？

実際に従業員たちはどんなシフトで働いているか、例を挙げて説明していきます。

・（正社員Nさんの場合）朝9時出勤、夕方17時45分退勤の8時間勤務。

休みは完全週休2日制で、月8日から9日ほど。8月には夏季休暇として4連休をとりました。2か月に一度は3連休を入れるようにしています。

Nさんは佰食屋以外にDJとしても活躍しています。DJの活動は夜の時間が多いため、イベントがあるときはその当日と翌日の2日間、休み希望を出しています。

また、佰食屋で働くようになって、3連休がとれるようになったため、キャンプに行くという新しい趣味もできたそうです。

また、正社員には年末年始休暇以外にもゴールデンウィーク分の代替休暇（5日間）があり、それ以外の時期でも、公休と有給休暇を合わせて4連休で休む人もいます。

・（アルバイトの場合）

アルバイトは、勤務時間が柔軟です。10時、11時出勤の日もあれば、9時出勤の日もあって、人によって異なります。11時30分から15時30分の4時間のみシフトに入ったり、9時から11時の2時間のみ入って、仕込みだけ担当する人もいます。

ときには「今日は西院店のシフトに入って、明日は肉寿司専科のヘルプに入る」など、3店舗をみんなで回せるような体制になっています。

これも、メニューがシンプルで、マニュアルが必要ないから成せる業です。

すき焼き専科		肉寿司専科		
Yさん（学生）	Hさん（40代正社員）	Fさん（70代パート）	Mさん（30代正社員）	
	出社・納品物の確認			9:00
出社	玉ねぎのカット		出社・お弁当づくり	9:30
すき焼きの鍋詰め	すき焼きの鍋詰め		伊勢丹へ お弁当納品	10:00
				10:30
接客・ホール	調理・厨房 電話対応		接客・ホール 厨房補助	11:00
		出社		11:30
		洗い場 調理補助		12:00
				12:30
				13:00
				13:30
				14:00
				14:30
客席片づけ			客席片づけ	15:00
掃除機をかける	シンク落とし	退社	掃除機をかける	15:30
賄いを食べて帰る	賄いを食べる 休憩		賄いを食べる 休憩	16:00
				16:30
	翌日の発注 片づけ		後片づけ	16:45
			退社	17:00
	退社			17:30
				17:45
※9時30分-16時勤務	※9時-17時30分勤務	※11時30分-15時30分勤務	※9時30分-17時勤務	

佰食屋働き方　一部抜粋

	佰食屋（西院）		
	Yさん（30代パート）	Rさん（20代学生）	Nさん（30代正社員）
9:00	出社・牛肉をミンチにする		出社・納品物の確認
9:30	ハンバーグのタネをつくる		国産牛をさばく
10:00	ハンバーグを焼く		さばいた肉をカットして一人前に測る
10:30			鉄板や包丁など営業準備
11:00	退社	出社	調理・厨房 電話対応
11:30		接客・ホール	
12:00			
12:30			
13:00			
13:30			
14:00			
14:30			ステーキソースづくり
15:00		食材をスーパーへ買い出し	国産牛をさばく
15:30		掃除・片づけ	
16:00		賄いを食べて帰る	賄いを食べる 休憩
16:30			
16:45			後片づけ
17:00			夕方テイクアウトお渡し
17:30			後片づけ
17:45			退社
	※9時-11時勤務の日	※11時-16時勤務	※9時-17時45分勤務

有給休暇に理由なんていらない

佰食屋の有給休暇の取得率は、ほぼ100％です。基本的には本人の希望優先で、自由にとることができます。申請は、その理由を問いません。

「彼女とつきあいはじめた日の記念にごはんを食べにいくから」素敵です。「彼氏と旅行に行くから」とっても楽しみじゃないですか。

「そんなことで休むの？」と感じる人もいるかもしれません。でも、その人にとってなにが大切なのか、どんなことを優先させたいかは、それぞれ違います。

ある社員の入社面接をしたときには、こんなことを言われました。「6か月後に家族で旅行に行く予定を立てているのですが、9日間休んでもいいでしょうか？」会社によっては「勤める前から休むことを考えるなんて！」と、その人を採用しないかもしれませんね。けれどもわたしは、「前もって素直に言えるなんて、なんていい人だろう！」と感じました。その人を採用して、予定通り9日間の連休をとってもらいました。

2店舗目の「すき焼き専科」で立ち上げから勤務していた従業員Kさんは、子どもが生まれたときに男性の育児休暇を取得しました。

本当は「2〜3か月育休取得したら?」と勧めていたのですが、当時彼は店長で、責任感も人一倍ありました。幸せを決めるのは自己決定権。だからこそ、彼は自分で休む期間を決め、「出産後、奥様が退院する日から1週間休む」という育児休暇を選択しました。

病院から退院する奥様とお子様を迎えにいき、そこから自宅での新生活を三人でスタート。1週間後に職場に復帰されたとき、奥様からわたしたち宛に感謝のお手紙をいただきました。まだまだ男性の育児休暇が浸透していない社会で、奥様がいちばん大変なときに一緒に寄り添える時間を持ってもらえたことを、わたしも自分のことのように嬉しく感じています。

彼は会社と一緒に成長し、みんなに慕われる人であるという周りの評価から、現在はエリアマネージャーとしてさらに上を目指して奮闘中です。

会社によっては、有給休暇をとるために、前日に残業して仕事を終わらせたり、逆に休んだ翌日に仕事が溜まってしまったり、「有給休暇をとるとかえって大変になる」本末転倒な状況も起こっているといいます。

けれども、佰食屋では、思う存分休むことができます。それはなぜか？　休みをとってもほかの従業員にしわ寄せが来ることがないから、です。

そもそも、そのためにわたしは経営者として、従業員数に余裕を持たせて採用しています。正社員が休んでも、代わりに誰かがカバーできる体制があります。

ときには、従業員から「なんか今日、スタッフが多いような気がするんです」と連絡が来るくらい、シフトに余裕を持たせています。毎日全力で、ギリギリまで働く必要がないから、仕事が終わってから遊びにいける余裕もあります。お客様に「ありがとうございます」と心から言えるし、仕事を楽しむ気持ちも自然と湧いてくるのです。

どうしても一人少ない日は売上も一人分減らせばいい

最近では、従業員のみんなにシフト管理を任せていて、上長にお伺いを立てることすらありません。LINEのグループチャットで「この日に休み希望です」と連絡をして、申請書を提出袋の中に入れるだけで申請が完了するのです。みんなが休みたいときに休めて、お互いに助け合う。そんな雰囲気がどの店舗にもあります。

ただ、どうしても代わりの人が見つからないとき。それでもムリしてその人に出勤をお願いするようなことは絶対にしません。

いつもよりも一人少ない四人体制でお店を回すことになるなら、そのぶん20食少ない80食を目標にします。

足りないなら、減らせばいいのです。

そうすれば、休んだ従業員の負担を誰かが負う、なんていうことにはなりません。

「あの人が休んだせいで大変だった」などと、誰も思わないはずです。

もし経営者が、「悪いけど四人でお店を回して。でも100食は売り切るように頑張ってね」とお願いしたら、その四人は、休んだ人に対して不満を持ってしまうでしょう。そうやってお店の中がギスギスして、誰かが休むことをほかの人が歓迎できない環境になってしまえば、大きな問題となります。

「休んでいいよ」と許可するのは、経営者であるわたしの責任です。

従業員が「休みたい」という気持ちを尊重し、結果として四人でお店を回すことになったのなら、売上を下げてでも休ませてあげるのが経営者としての役割。その日に出るマイナス分の売上は、必要経費です。

正社員、短時間正社員、アルバイト。それぞれが働きたい働き方で働けるように、勤務形態に選択肢を設け、柔軟に対応するなかで、いつも気をつけているのは「不公平感」が出てしまわないようにすることです。

基本的には、本人の希望優先でシフトを決めているのですが、完全に自由に任せていると、不公平になってしまうこともあるのです。

たとえば、正社員のなかに2名ほど、家庭の事情のため土日に集中して休みをとることの多い社員がいます。その社員がいる店舗では、どうしてもほかの人が土日の休みをとりにくい。表向きは「大丈夫ですよ」と言ってくれていても、長期間となると、少しずつ「あの人ばかり土日に休んでズルい」という意見が出ないとも限りません。

そこで、休みの希望が誰よりも優先され、土日に休みを固定する代わりに基本給が少し低くなる、という契約を本人承諾のもとに結びました。「給与より休みを優先する」という選択肢を設けることで、ほかの正社員と不公平感があまり出ないようにしたのです。そしてそれを「あけみからのメッセージ」で共有し、お互いの事情を理解できるようにしました。

ほかにも、アンケート形式で「今月はもっと出勤して稼ぎたい」という人と、逆に「扶養控除内で働きたいから今月はもっと出勤を抑えたい」という人とをマッチングして、シフト調整を行なったり、みんなが「どのくらい働きたいか」をオープンにする環境づくりを心がけています。

早く帰ることを意識しすぎて起きた失敗

「１００食を売り切って早く帰る」ことが佰食屋の特長ですが、年にたびたび、あっという間に１００食分の整理券がなくなり、すべてのお客様が14時半過ぎには帰ってしまう、ということが起こります。そんなとき、17時30分退勤予定だった従業員も、後片づけをしてまかないを食べたら、16時頃には帰ってしまうのか。

答えは「いいえ」です。

実は、ランチ営業のみにした当初は、「１００食を早々に売り切ったら、全員で早く仕事を終わらせて帰る」といった日もありました。けれども、実際にそうしてみると、みんな早く帰ることへ意識が向かいすぎてしまい、整理整頓や清掃がおろそかになってしまう傾向があったのです。

もう少し丁寧にできたんじゃないか、もっとすべきことがあったんじゃないか。それなら、もともと決まっていた終業時刻まできっちり働いて、普段は後回しになってしまうような仕事をやりましょう、ということにしました。「年に一度の大掃除」を分割して少しずつやるような気持ちです。

収納が足りなくなってきたから、１００円ショップへ収納ボックスを買いにいったり、担当の一覧表をつくったり、時間に余裕がないとできない仕事をする。いつもよりも丁寧に清掃をする。みんなでリラックスして話しながら、それぞれの仕事をしていると、あっという間に終業時間が来ます。

その代わり、休憩時間が1時間だったのを、従業員全員の希望から45分に短縮し、終業時間を15分早めました。それによって、「早く帰りたい」という希望も叶えることができました。

佰食屋では、いつも一人ひとりが受け持てる仕事量の8割から9割をこなしてもらうことを想定して、従業員のシフトを作成しています。

現場にはいつも「想定外」のことが起こります。急に従業員のお子さんが熱を出して、子どもを預けられなくなった……。そんなとき、ギリギリの人員でお店を回していると、どうしても従業員にしわ寄せが来て、ストレスも高くなり、さらなるミスやクレームにつながりかねません。

経営者が「これでいけるだろう」と数字ばかりを追って、現場の人件費を切り詰めるのではなく、いつも現場第一で考える。従業員がゆとりを持って楽しく仕事できるような体制を整える。そのために、つねに従業員からの声に耳を傾ける。

それこそが、経営者としての責任だと思うのです。

百貨店と給与が変わらないのに5時間も早く帰れる

佰食屋の給与形態は、正社員の場合、基本給に各種手当や賞与などがつく、一般的な企業と同じものです。たとえば、正社員の基本勤務を朝9時半から17時までとすると、朝の出勤を30分前倒しすると＋1万円、退勤を30分遅らせると、もう＋1万円手当がつきます。これは必須条件ではなく、あくまで本人の意思に任せています。

モデルケースを挙げると、百貨店のレストランで働いていた40代の社員は、それまでの年収とほぼ変わらない水準で収入を得ているにもかかわらず、労働時間はこれまでより1日5時間も短くなったそうです。残業ゼロ、しかも圧倒的に労働時間を削減することができたのに収入はほとんど変わらない、と言うのです。

アルバイトの時給も京都の水準とほぼ同等で970円以上。能力に応じて時給が上がっていきます。

佰食屋のボーナスは年3回

正社員のなかでも店長などには役職給があり、それ以外の人にも年1回のベースアップがあります。また、「この人こそ」という従業員を年1回MVPとして表彰する場合もあります。

くわえて、佰食屋では年3回の賞与があります。なぜ年3回なのかというと、夏と冬だけだと、どうしても間延びして、モチベーションが下がってしまうからです。単純に、そのほうが嬉しくないですか？

賞与は能力だけでなく、メンバーとの関わりや貢献度、できる仕事の範囲の広さ、そして上司からだけではなくアルバイトも含めたすべての人からの「360度評価」をもとに算出されます。ちなみに佰食屋では、アルバイトにも賞与があります。

毎月、従業員に渡す給与明細には「あけみからのメッセージ」として、従業員みんなに伝えたいことを書いています。いわゆる社内報です。

その内容は、人事異動やメディア掲載、ルールの共有、事務連絡など基本的なことから、「まかないグランプリ」をはじめとする従業員参加の企画、そして年間の店舗別、わたしの講演活動、別事業として夫が経営する不動産業も含めた会社全体の売上も公開しています。

わたしが、普段はどんな業務をしているのか、どんな考え方を大切にしているか、会社としてどんな方向に進んでいるのか。従業員たちと接する時間が限られているぶん、包み隠さず伝えています。そして、「なにか困ったことがあればいつでも相談してほしい」と、いつでも従業員の意見に耳を傾ける姿勢を伝えたい、と思っています。

あけみからのメッセージ
★８月特大号★

お盆休みも終わり、いよいよ夏が終わろうとしています。各店舗、暑い中で熱い料理のご提供を本当にありがとうございました！これからいよいよ京都の観光シーズンである秋になります。益々観光客が多くなるため、ぜひ親切にご対応をお願い致します♪

決勝戦出場者
５名の発表！

まかない王決定戦開催
〜おいしいまかないをつくるヤツを称えよ〜

挑戦者	採点結果	1人当たりの金額	加点	時間（分）	加点	合計	順位
ナオヤ	48.0	111	1	20	3	52	1
かつ	50.0	131		35		50	2
ユウイチロウ	44.8	149		60		45	3
あすか	42.0	95	2	30	1	45	3
まちこ	41.8	90	3	40		45	3
ひとみ	40.1	161		30	1	41	6
れいか	39.7	115		35		40	7
よしの	39.5	122		40		40	7
ともこ	39.3	156		55		39	9
ケン	36.0	159		20	3	39	9
かず	37.7	159		30	1	38	11
ヤスト	37.8	157		40		38	11
ナオト	32.5	145		35		33	13

この５名で決勝戦です！

最終審査は９月のシフトに反映されていますのでご確認ください。最終審査日は、各店舗でまかないを食べる人数＋１人前多く作ってください。あけみと中村が最終審査に食べに行きます！なお、決勝戦はメニューのタイトルも考えてください♪（例：「疲れを吹き飛ばす!愛のカレー」とか。笑）優勝した方には豪華景品・・・あるよ！！！お楽しみに〜★

７月 ➡ ８月下旬 ➡ ９月上旬 ➡ ９月下旬

★８月からの新サービス★
無料の
【お子様ごはん】
はじめます。

小さなお子様連れでご来店のお客さまは毎日いらっしゃると思います。小さなお子様は、お料理が出てくるまでに待てなかったり、お腹が空いて泣いたりと、お困りの親御さんがいらっしゃるのをよく見かけます。そこで、未就学児（小学校入学まで）のお子様には無料で白ご飯８０グラムを最初にお出しするサービスを全店舗で始めることにしました！

■対　象　者：未就学児
■ご　は　ん：白ご飯を８０グラム
■タイミング：できれば最初のお茶と一緒に、とりわけ皿と一緒にお持ちする。
日々のタイミングでそれが難しい場合でも、お料理よりも先にお持ちする。
■伝票記入　：【お子様ごはん】で統一(ひらがな可)。無料なのでレジで打たない。
■オーダー時：オーダーを聞く際にも、未就学児のご家族には【お子様ごはん】が無料でついてくる旨の説明をしてあげる。
■テイクアウト：テクアウトでのサービスは無し。店内でお召し上がりの場合のみ。

既に各店舗の役職者には説明をしておりますので、指示に従って実施をお願いします！

みんなが働きやすいために。
それぞれの事情に、互いの理解を。

各御家庭にはご事情があり、休みたい日も曜日も各人バラバラです。全てを自由自在にしてもらうことは出来ませんが、出来る限り反映したいと思っております。
現在、面談の上、ご家庭のご事情で正社員・短時間正社員ながらも、お休みを自由に選んでもらっている方が２名います。
★佰食屋：まえださん
★すき焼き専科：あらたさん
上記２名においては、定休日以外の休みを自由に希望(土日祝も含めて)出来る代わり、月々の基本給が皆様よりも少なく設定されています。ご家族のご事情によるためですが、皆様との公平性を保つため、ご本人と相談の上、[illegible]なりました。
つきましては、土日に集中して休んでいてずるい！と思わず（思っていないと思いますが、念のため！）、給与が下がるというデメリットを受けてでも、休まなければいけないご事情をお察しいただけると幸いです。
皆様も、他のメンバーとは被らないように休み希望のご配慮をいただきいつも感謝しております。ぜひ皆で思いやり合って、[illegible]

税理士に呆れられるほどかける人件費

佰食屋では、税理士の先生に呆れられるほど、人件費が高くかかっています。それだけ、事業規模に対して多めに従業員を採用している、ということです。「もう一人か二人分、削ってもいいんじゃないですか」と、たびたびアドバイスされます。けれども、目先の利益だけのことを考えても、ちっともいいことなんてないのです。

働く人にとって他人事でないのが、心の問題です。

心に変調をきたし、休職や退職を余儀なくされる人がたくさんいらっしゃいます。その原因の多くは、経営者が効率や生産性を優先させ、「従業員全員が毎日全力で頑張らないと会社が回らない」という状態を放置しているから、です。

従業員は人です。一人ひとり生きている人間です。

日々のメンテナンスが必要ですし、たまに体調不良にもなります。家族や子どもが体調を崩し、その看病をしなければならないときもあります。

それに、病気になった人のケアに経費をかけても、その対象者以外の人にはなんの恩恵もありません。それよりも、会社側が前もって人員を確保することで、すべての従業員のために経費をかけたい、と思っています。

誰一人として、仕事が原因で体調を崩してほしくない。そして、これからも働き続けたい職場にしたい。

ギリギリの人員で組織を運営して、せっかく教育した社員が続々と退職してしまってから、必死で新しい人材を探すのか。それとも、みんなが気持ちよく仕事できる環境をつくり、長く勤めてくれる従業員ばかりの組織にするのか――。

どちらを選ぶか、ということ。

わたしは、迷わず後者を選びます。

社員の声　Yさん（男性）

――入社の動機を教えてください。

Yさん　ずっと調理師をやってたんですけど、とりあえず、労働時間を短くしたくて。以前は帰ったら22時くらいで、とにかく1日の労働時間が長かったんです。子どもはもうとっくに寝ちゃってました。いま、子どもは9歳なんですけど、小さいときは寝顔しか見てなかったですね。

――料理人としては、佰食屋の働き方はどうですか？

Yさん　100食限定で、捨てるとかもないので、罪悪感がなくていいです。ふつうやったら、残った食材をどうにか始末しようとして、メニュー考えて、なにかつくるじゃないですか。その必要もないから、料理人としてのストレスは全然違いますね。メニューが3つだけで、刺激がないと言えばないかもしれないですけど、毎日毎日来られるお客様に対して、しっかりおいしいものを出せたらいいなと思っています。

――メニューが少ないのはどうですか?

Yさん　オーダー取るのもラクやし、単純に同じ作業を繰り返すからこそ、考えなアカンことが2、3個減ってますから、それだけで助かります。たとえば、もし売上が悪かったら、料理人としては「メニューが悪いんちゃうか」と思うじゃないですか。それで「こんなメニューに変えます」って言いますよね。でも、ホンマはメニューなのか立地なのか世の中なのか、どこに原因あるかわからないですよ。あと、この間、韓国の方がレンタルの着物を着て来店されて、少し食べ物がこぼれてしまったことがあったんです。お客様は日本語が話せないから、ぼくが着物屋さんに電話して謝って、「着物を交換してもらえるか」と聞いたら、承諾してもらったことがあったんです。ふつうの飲食店なら、とにかく「すいません、拭きます。お代金いりません」とかだけで解決するところを、そこまでやれたのは、ある意味、余裕があるからできることなのかもしれませんね。

——給料が増えたらもっと遅くまで働く場所でもいい、という気持ちはありますか?

Yさん　5万円増えてもしんどいかな、と思います。百貨店のレストランでも、どんだけ忙しいときに働いても、よっぽどじゃないと大入り袋はもらえないですし。とにかく子どもと過ごす時間が欲しかったですからね。

100食限定は儲かるのか?

佰食屋のビジネスモデルを説明すると、いつも聞かれるのはこの2つです。

「それで儲かるのですか？」「やっていけるのですか？」。

もちろん、佰食屋は「開店から3年後の廃業率が約7割」と言われる飲食業界で6年以上つづけてこられていますから、「やっていけないことはない」とは言えます。

ただ、「めちゃめちゃ儲からない」それは、くれぐれもお伝えしておきたいことです。参考までに、実際の数字を書きます。

佰食屋の母体である「株式会社minitts」の2018年8月期末の年間売上は、全体で1億7000万円を超えました。けれども、経常利益としてはギリギリの赤字でした。第5章で詳しくお伝えしますが、2018年6月に関西一円を襲った大阪北部地震の被害、続く西日本豪雨や台風の被害により、佰食屋3店舗での営業利益は約600万円の赤字となってしまったのです。

幸い、当社には夫が担っている不動産部門というもう1つの柱があって、その赤字を少しカバーすることはできましたし、会社を揺るがすほどの危機には至らず、なんとか乗り越えることができました。

佰食屋のスタンスは、とにかく倒産さえしなければいい、会社として存続していけたらいい、です。

お金はあくまで、わたしたちの夢を叶えるために最低限あればいい。そして、わたしたちの夢は、「佰食屋を続けていくこと」「佰食屋が従業員一人ひとりの夢を叶えるための土台になること」なのです。

FLコスト80％でも利益を出しつづける秘密

飲食店を経営するうえで、大切な指標となるものがあります。

それは「FLコスト」。Fは「Food（原価、材料費）」、Lは「Labor（人件費）」で、この2つを合計したのがFLコストです。そして、FLコストを売上で割ったFL比率を約50〜55％に抑えるのが飲食店経営の鉄則、と言われています。

では佰食屋はというと……食材の原価率は約50％、人件費も約30％に上るため、

ＦＬ比率は、なんと約80％です。数字だけ見ると、税理士や経営コンサルタントはこう言うでしょう。「このままでは絶対に潰れます」と。けれども佰食屋は、この「絶対に解けない難問」をクリアしています。なぜなら、残りの約20％をなるべく低く抑えるため、さまざまな工夫をしているからです。

まず1つめは、何度も言う通り「1日限定100食だから」。

営業時間が限られているため、光熱水費を低く抑えることができますし、食材を安定的に仕入れることもできます。人件費の大幅な変化もないため、一定以上のコストがかかりません。

2つめは、「広告費ゼロで100食を売り切っているから」。

佰食屋はシンプルに、でも間違いなく「ほかのお店よりも安くておいしい」商品を提供しています。これだけ選択肢も多く、お客様の口コミも来店直後にネットに書き込まれるような時代です。一切ごまかしは効きません。本当においしいもの、選ばれるものを提供することが、いちばんの集客への近道です。

圧倒的な商品力を武器に、口コミや取材のみによるメディア露出でプロモーションを行っているため、広告宣伝費は一切かかりません。雨の日でも雪の日でもコンスタントに1日100食を売り切っています。

3つめは、「家賃を低く抑えているから」。

佰食屋の店舗はどこも駅の近くにありますが、「一本路地に入った住宅街」や「錦市場の2階」など、通りがかりの人からの集客に若干難のある物件ではあります。けれども佰食屋は口コミやメディア露出で集客しますから、まったく問題ありません。そのため、佰食屋の家賃比率は、全体で約8%とかなり低く抑えられているのです。

これはわたしたちが不動産部門を営んでいる利点でもありますが、誰よりも「安くていい物件」を見つけ出すことに長けているのかもしれません。周辺の様子や間口を見て、ピン！ と来る条件があるのです。

その条件は、言語化できる範囲で言うと3つです。

・近くに大規模な集客施設があること
・人や車が通るルートがあること
・公共交通機関から徒歩10分圏内にあること

まず、スーパーや量販店でもいいのですが、「どこかに行くついでに来れる」というのは、来店のきっかけの1つになります。

次に、人が行き交う場所であるかどうかは、その周辺のにぎわいにもつながります。そして、地元の人にとっては「車で行ければいい」と考えるかもしれませんが、それでは県外のお客様にとってハードルになってしまいます。

そして、駐車場を契約するにも固定費がかかりますし、せめて近くのコインパーキングで対応する形で、「公共交通機関で来てもらうこと」を前提に考えています。

売上の責任は経営者、広報は現場の仕事じゃない

SNSが世の中に広がってきたことで、「広告に頼らないPR」が可能になってき

ました。けれども、どれほどの会社が、それをうまく使いこなせているでしょうか。

ツイッター、フェイスブック、インスタグラム、LINE@……。

とりあえずアカウントをつくってみたはいいものの、なにを投稿すればいいかわからず、とりあえず商品の写真を載せてみたり、営業時間のお知らせをしたり……。

「自分ではよくわからないから若いスタッフに任せよう」と丸投げしている経営者もいるのではないでしょうか。

広報は「現場の片手間」でできるほど簡単な仕事ではありません。広報こそ、売上に直結する重要な経営戦略の1つです。

わたしは前職の専門学校職員時代、広報を5年半勤めました。そこで実感したのは、広報という仕事の専門性の高さ。そしてステークホルダーの多さです。

SNSだけに注目してみても、年々その種類やユーザー属性が複雑になってきていることがわかるように、商品やサービスを世の中へ広く知らしめる手段はさまざまあります。もっとも影響力があるのはやはりテレビですが、気を遣うところも多々あります。打ち合わせや電話のやりとりも多く、お客様にご迷惑がかからないよう営業時間外に撮影したり、撮影後にもいろんな素材を提供したり……。

また、公式サイトやＳＮＳを含めて、コピーや文章の表現や写真の使い方など、一定のクオリティ調整とブランディングを行なわなければ、統一感が生まれず、思うような効果は得られません。もし、現場の従業員にその対応を任せていたら、きっとお客様への接客がおろそかになってしまうこともあるでしょう。

佰食屋では、経営者であるわたしが広報の経験を活かし、プロとして業務に携わっています。

もう髪型を変えない、ずっと青い服を着る

広告宣伝費をかけない代わりに、わたし自身が「広告塔」となってきました。そして、長女と長男を生んで「よし、これからは会社に注力しよう」と考えた日、決めた

ことが2つありました。

1つは、髪型を変えないこと。もう1つは、青色の服を着ること。

講演会や授賞式に呼ばれると、周りは「スーツ姿のおじさま」ばかりなのですが、そこで青色の服を着ていると、とても映えてよく目立つのです。

ずっと同じスタイルにしていると、どんな場でもすぐに「中村さん!」「あけみさん!」と呼び止めてもらえます。そのため、どんなときにも思い出してもらえるよう、同じ髪型、同じ色を印象づけることにしたのです。

髪型に関しては、以前は髪の長いときもあったのですが、ショートボブにしたところ、夫が「すごく似合ってる。一生それでいいわ」と言ってくれたので、ずっとこの髪型にすることにした、というのが本当のところなのですが。

そして、広報戦略を考えるうえでもっとも大切なのが、商品やサービスの特長を「わかりやすいキーワード」にしてあげることです。

佰食屋を例にすると、「100食限定」「コスパのよさ」「ダイバーシティ」「フードロス」「女性活躍」……。そして、そのキーワードのかけ算によって、ユニークさ、レアさが際立つことになります。キーワードが多ければ多いほど、メディアに取り上げられ、多くの人の目に触れる機会が増えます。

経営者として、やることは毎日山積みですが、振り返ってみると、「１００食限定」というシンプルな経営だからこそ、広告戦略に力を入れることが可能、ということなのかもしれません。

事業成長がないなら給与のベースアップはどうするのか？

わたしはつねづね「事業成長には興味がない」とお話していますが、「売上を増やさなければ従業員の給与が上がらないんじゃないか」と尋ねられることがあります。

たしかに、ずっと1店舗で１００食を売り切り続けるだけなら、売上も大きく上がる見込みはありません。

わたし自身はもともと、お店を増やそうと思っていたわけではありませんでした。また、従業員自身も、いちスタッフとして佰食屋に入社し、「出世しよう」とは考えていなかったと思います。

けれども年々従業員が成長し、そのポテンシャルが1つの店舗に収まりきれなくなりました。ですから、1つ、また1つと店舗を増やし、その職責に見合うだけの給与を支払うようになりました。

また、ジェイアール京都伊勢丹でのお弁当販売によって、既存の従業員だけで労働時間を増やさずに販路を拡大できたことで、従業員みんなの給与をベースアップすることができた、という事例もありました。

ここで重要なのは、「事業成長ありき」ではなく、「一人ひとりが成長してきたからこそ自然と売上を伸ばすことができた」という事実です。

これから会社を続けていくなかで、従業員が成長することで、その人にふさわしい役割を与えることもあるでしょう。実際、佰食屋ではいま、店長だけでなく、彼らを束ね導くエリアマネージャーという役職もできました。そして、詳しくは第五章で紹介しますが、「働き方のフランチャイズ」というさらなる挑戦も控えています。

活躍の場は会社の中にとどまりません。Yさんをはじめ、何人かの従業員が佰食屋を卒業し、独立して自分の店を持とうとしています。

わたしたちは、従業員が望むなら、自分で稼げる力を身につけられる機会を与えてあげたいと思います。そして、佰食屋がその「スタート台」になって、一人ひとりの夢を後押しする力になれたらと考えています。

自分がやりたくないことをなんで人にやらせようとするん？

「人を雇用する」ことは、その人の人生はもちろんのこと、その人の家族や大切な人の幸せまで面倒を見る、ということです。

果たして、そこまでの覚悟を持った経営者が、どれほどいるのでしょうか。

「従業員はせいぜい頑張って、稼いでくれたらええねん」「営業時間を伸ばせば伸ばすほど、売上は上がる。なんとか頑張ってもらおう」。

そう考える経営者の、どれほど多いことか。そんな経営者を見ると、こうツッコミたくなります。

「自分がやりたくないことを、なんで人にやらせようとするん？」。

わたしは、絶対に自分がやりたくないことを、従業員にさせたくありません。

わたしが絶対にやりたくないことは、人のせいで残業させられること。18時以降働くこと。京都以外に転勤すること。だからこそ、佰食屋の「1日100食売り切って、早く帰る」仕組みはできました。

そもそも就業時間内に利益を出せない商品とか企画ってダメじゃないですか

これは佰食屋でないと実現できないことなのでしょうか。あるいは、京都だからこそ可能となっている実例なのでしょうか。

講演会でも「うちは業種も規模も違うから無理」「会社で導入するとなると難しい」そんなことを口々に言われます。では、そもそも経営者はなぜ、従業員に残業を強いているのでしょうか。従業員もなぜ、「長時間働くのが当たり前」だと考えているのでしょうか。

日本の労働基準法では、こう定められています。

・使用者は、原則として、1日に8時間、1週間に40時間を超えて労働させてはいけません。

・使用者は、労働時間が6時間を超える場合は45分以上、8時間を超える場合は1時間以上の休憩を与えなければいけません。
・使用者は、少なくとも毎週1日の休日か、4週間を通じて4日以上の休日を与えなければなりません。

これは、国が定めた「国民が適切に働ける条件」です。それなら、この基準内で、そもそも就業時間内に利益を出せない商品とか企画ってダメじゃないですか。

基準を大幅に超えて、従業員が必死に働いて維持している商品やサービスは、たとえ多くの人に支持されて、たくさん売れたとしても、「誰かが犠牲になっている」という事実は消せません。

就業時間内に利益が出せない事業なんてやめてしまえばいい、と思います。

佰食屋では、36協定を出していません。なぜなら、本当に残業がないからです。1日に8時間、1週間に40時間を超える状況が発生しないのです。もちろん、今後もし残業が必要だと考える従業員が出てくれれば、36協定を提出する準備はしていますが、いまは「100食売り切って、早く帰る」働き方をみんなが選んでいるのです。

会社が儲かっても社員が報われないのはおかしい

「〇〇株式会社が過去最高益」「内部留保が〇億円」といったニュースを見かけます。

あまりに遠い世界の出来事のようで、規模こそは違えど、同じ経営者として不思議に思うのが、その利益をいったい、なにに使うつもりなのだろう、ということ。「自己資金比率を高めて、不況や新規事業投資に備える」それが、いわゆる経営のプロの一般的な考え方なのかもしれません。

株式会社ではその構造上、収益を上げると真っ先に設備投資や株主配当に回されてしまうことがほとんどです。

けれども、経営者から「今期営業利益の5億円で設備投資をします」と言われても、従業員には関係ありません。そのお金が設備投資に回ってしまったら、いったいいつ従業員たちがその「5億円分の報酬」を得る日は来るのでしょうか。その5億円を稼いだのはほかでもない、いまいる従業員たちのはずです。

ある意味、やりがい搾取です。今年頑張ったその人が、いつまで経っても得しないのでは、その人が「会社にいる意味がない」と感じても、無理はありません。新規事業投資や設備投資を行いたいなら、銀行から融資を得たり、株主からの出資を得たりする形で行えばいい。

佰食屋では、従業員が売上を上げ、利益をつくってくれたぶんを賞与という形でしっかり配分しています。4か月単位の期末ごとに損益を計算し、それぞれの働きに応じて能力給として換算します。いま頑張ってくれた従業員には、いまそれに見合うだけの報酬を与える。

これがいちばんシンプルな経営のあり方です。

なぜ佰食屋が、そこまで従業員を大切にするのか。

それは、自分が従業員だったとき、経営者にそう考えてほしかったからです。いち会社員として働いて、どんなに頑張って、遅くまで残業して、休日を返上して、大きな成果を得られたとしても、わずかな昇給や手当にとどまり、「頑張った甲斐」を感じられない。自分の時間を奪われ、生活に変化がない。

上司の一方的な要求や指示に振り回され、「組織の歯車でしかない」と感じながら、自分の思いを押し殺して働いて……「わたしは会社のために生きているわけではない」。そう考えたことが、たびたびありました。

もし、従業員を一人の人間として、大切にして、無理な残業を強いることなく、働いたぶんをしっかり評価して給与にも反映してくれるような会社があれば……わたしたちもそんな会社で働いてみたい！　そう考えて、夫婦で「自分たちが働きたい理想の会社」をつくったのです。

わたしの心のなかにも、ふいに「もっと利益を残しておいたほうがいいのだろうか」「もっと売上を伸ばしたほうがいいのではないか」という思いのよぎることが、ないとは言い切れません。そんなときにも己と向き合い、なにが大切なのか、わたしたちの本当の願いはなんなのか、問いかけるのです。

どんなにお客様がたくさん来られても、すぐに売り切れてしまっても、佰食屋は「100食」しか売らない。なぜなら、「千食屋」「万食屋」になっても、従業員が大変になるだけで、その大変さを強いるわりに大きな報酬は与えられないからです。

第4章

売上を目標にしない企業は社員になにを課しているのか？

会社は明日の責任を
みんなは今日の責任を

佰食屋には、クレド（行動規範・信条）があります。

「会社は明日の責任を。みんなは今日の責任を。」

「会社は明日の責任を。」そのつづきには、こう記しています。「会社はこれからの集客や広報に責任を持ち、お客様にたくさん来ていただく努力をし、みんなを大切にします」。次に「みんなは今日の責任を。」その下にはこうあります。「みんなはお客様が限られた時間の中で最大限満足していただけるよう、接客・調理・おもてなしの努力をし、お客様を大切にします」。

つまり、佰食屋が従業員に求めるのは「現場」です。逆に言うと、それ以外のことは一切業務として課すことはありません。

佰食屋は採用面接のときにも、このクレドに立ち返り、その人の仕事に取り組む姿勢を探ります。そして、佰食屋の働き方を理解してもらいます。

いまとなっては佰食屋の指針となっているクレドですが、はじめから、従業員みんなが携帯できるようなものとしてつくろう、と思っていたわけではありませんでした。

そもそものきっかけは、社員証だったのです。

社員証には、とっておきの「従業員特典」と「緊急連絡先」が記載されています。緊急連絡先はもちろん、代表電話番号と最寄りの交番の電話番号です。

そして、従業員特典。

佰食屋の従業員には、メニューのテイクアウトが半額で買えるのと、生肉と卵を原価で買える！　というお得な特典があります。佰食屋ではお客様に生肉の販売はしていませんが、この特典のためだけに「食肉販売営業許可」をとりました。

従業員には主婦も多いので、本当に喜んでくださいます。「もうスーパーで肉を買おうとは思わない」「これがあるから佰食屋は辞められない」といった調子です。これを打ち明けると、みなさん「うらやましい！」「そのためだけに佰食屋で働きたい！」と仰ってくださいますが、そうはいきません。あくまで、佰食屋から従業員のみんなへの感謝、ありがとうの気持ちです。

この社員証をつくっていて、なんか裏が真っ白なのももったいないなぁ、と思い、とっさに出てきた言葉を連ねたのがこのクレドだったわけです。

佰食屋では お客様は神様じゃない

２０１５年にこのクレドができるまで、佰食屋には特になにも決まりごとがありませんでした。オープンしてから、日々、お客様とどう接していくか、お店にどんな雰囲気を醸成していけばいいのか。みんなと一緒に働きながら、背中を見て覚えてもらうようにしていました。

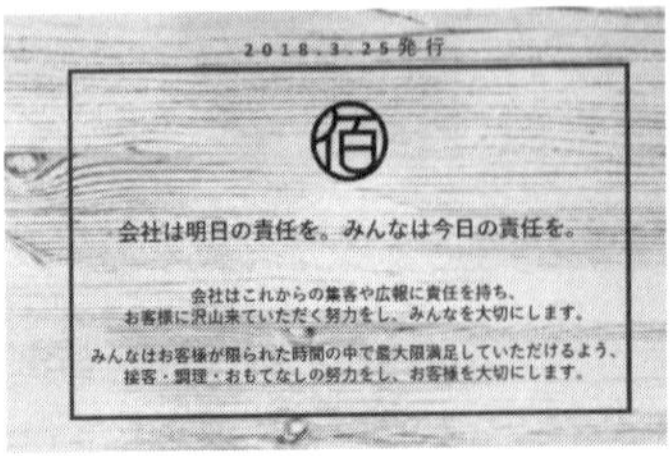
2018.3.25発行

佰

会社は明日の責任を。みんなは今日の責任を。

会社はこれからの集客や広報に責任を持ち、
お客様に沢山来ていただく努力をし、みんなを大切にします。
＊
みんなはお客様が限られた時間の中で最大限満足していただけるよう、
接客・調理・おもてなしの努力をし、お客様を大切にします。

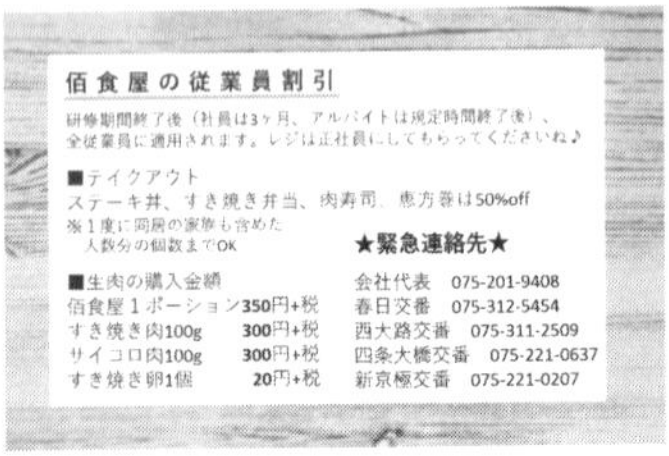
佰食屋の従業員割引

研修期間終了後（社員は3ヶ月、アルバイトは規定時間終了後）、
全従業員に適用されます。レジは正社員にしてもらってくださいね♪

■テイクアウト
ステーキ丼、すき焼き弁当、肉寿司、恵方巻は50%off
※１度に同居の家族も含めた
人数分の個数までOK

■生肉の購入金額
佰食屋１ポーション350円+税
すき焼き肉100g　300円+税
サイコロ肉100g　300円+税
すき焼き卵1個　20円+税

★緊急連絡先★
会社代表　075-201-9408
春日交番　075-312-5454
西大路交番　075-311-2509
四条大橋交番　075-221-0637
新京極交番　075-221-0207

特に意識したのは、お客様との距離の取り方でした。

佰食屋には「1日100食限定」「整理券制度」「時間交代制」「予約不可」と、ほかの飲食店にはない特長的な仕組みがあるため、お客様の理解と協力が欠かせません。

この特長は、時にクレームにつながってしまうこともあります。「わざわざここまでやってきたのに売り切れなの？」「予約ができないって、どういうこと？」。

「お客様は神様です」——。そういったスタンスであれば、お客様の仰ることがすべてです。ご要望通りに叶えることが従業員に求められるでしょう。

けれども佰食屋では、お客様も従業員も対等、どちらも大切な存在です。

あらかじめ決められたルールをお客様に守っていただけない場合、毅然とお断りしなければならないこともあります。その際、クレームにつながらないよう、いかに適切に対応するか。真摯な態度で接し、どういった言葉を選べばいいのか。これを「佰食屋イズム」として伝えることが重要だったのです。

西院の佰食屋は14席の小さなお店のため、お席を30分で代わっていただく必要があります。あるとき、従業員が座ったばかりのお客様に対し、「お席のお時間は30分しかありませんのでご協力ください」とはっきり言ってしまったことが、クレームになったことがありました。「これから食べようとしているのに『30分で帰れ』なんて気分が悪い」と。

仰るとおりです。わたしはすぐに店頭へ出向き、お客様に謝罪しながらも、こう対応しました。

「大変申し訳ございません。当店はご覧のとおりとても狭くて小さなお店です。しかし、多くのお客様が楽しみにお越しいただいておりますため、できるだけ多くの方にお召し上がりいただきたいとも思っております。お急ぎになる必要はまったくありませんので、当店の料理をじっくり楽しんでいただきました後、可能な範囲で結構ですので、次のお客様にお席をお譲りいただけると大変ありがたく存じます」。

そして、従業員にも「最初から30分と伝えるのではなく、30分経ってまだお会計をいただけないようなら、『お済みの食器をお下げしますね』とお声がけしてください」と伝えました。

こうして西院の佰食屋に従業員たちに染み込んでいったイズムを、すき焼き専科のオープンにあたって、もっとわかりやすい形で共有できないか。そう考えて、クレドが生まれました。

現場で起きたことは現場で解決する

クレドには、「What（なにを）」は書かれていますが、「How（どうするか）」は明示されていません。「今日（現場）の責任を担う」ために、自分たちにはどんなことができるのか。従業員たちにはみずからそれを考え、行動に移してもらいたいからです。

佰食屋が3店舗体制になって、経営者であるわたしの役割はより明確になりました。わたしは宣言したのです。

「わたしは基本的にはもうお店に出ません。その代わり、みんなが楽しく働けるように、いろいろと仕掛けていきますすね」と。

週に1回、各店舗へ様子を見にいく以外、店頭に立つ機会がほとんどなくなりました。その代わり、わたしは広報、人事、財務などの仕事に集中しています。現場にも権限移譲を進めていきました。いまではわたしが直々に出向かなくてはならないほど大きなクレームも少なくなってきました。

料理をこぼしてしまったり、服が濡れてしまったりといったトラブルの際、交換や返金・クリーニング対応など、一定の金額まではすべて現場判断で行い、事後報告でかまいません。お店をよりよくする工夫や改善すべきところがあれば、各店判断で1万円以内であれば使っていいことにしました。

こうして、「現場で起きることは、現場で解決する」体制が整ってきました。

だからこそわたしは、社外でさまざまなアイデアを吸収して、会社に還元し、佰食屋の働き方を多くの人に伝える機会を得たのです。

個性に名前をつけて役割を与える

基本的に、佰食屋の業務は「誰にでもできる仕事」をベースにしていますが、なにか特別な役割をお願いするときは、立場でも役職でも経歴でもなく、個性、つまり「その人に向いているかどうか」で選びます。

たとえば、納品担当。

肉寿司専科で働くYさんには、毎週、ジェイアール京都伊勢丹へ肉寿司弁当を納品してもらう担当責任者をお願いしています。

彼は30代半ばの正社員ですが、佰食屋に来るまではずっとアルバイトとして働いてきて、正社員になったことはありませんでした。寡黙で、自分から周りに話しかけることはほとんどなく、黙々と仕事をする人です。でも彼は絶対に遅刻をしないし、本当に真面目に仕事をしてくれます。だから、「伊勢丹にお弁当を置いてもらうことは念願の夢。そんな大事な仕事を君に託したい！　よろしく！」と、その役割をお願いしました。

すると納品初日、彼はいつもの出勤より1時間も早く出てきました。「絶対に行かなければならない」という責任感からでしょう。もちろん、「こんなに早く来なくてもいいよ！　いつも通りでいいんやから」となだめて、その日を無事終えたのですが、それほどまで真剣に取り組んでくれたことに感激しました。

ほかにも、佰食屋にはHさんという人がいて、彼女は面接のときから印象的でした。かわいらしい洋服に、前髪がきれいに揃ったオカッパ頭の女性。「斬新やねぇ、その髪型」と言うと、「今朝美容室行ったら、こんなんにされたんです、ふふっ」と返してくれる、なんだか「ちびまる子ちゃんに出てくる野口さん」のような雰囲気でした。

彼女は15年ほど喫茶店で接客をしていたというので、はじめは接客担当をお願いしたのですが……佰食屋はランチのみの定食屋のため、喫茶店とはスピード感やお客様の数が大違いでした。そのため、彼女はそのスピードについていくのに必死で、ミスを連発していました。

うわぁどうしよ、と頭を抱えそうになったのですが、そういえば面接で「一人暮らしをしていて、自炊もしている」と話していたので、次の日から「よし、ちょっとシフトチェンジして、厨房やってみよ」と、調理担当をお願いしてみました。

するとめちゃくちゃ包丁使いが上手だったのです。

その日から、塊肉をバラして１００食分計る担当をお願いしたところ、毎日きれいに肉をさばく達人になりました。しかも、肉を一人前の重さに測るスピードが誰よりも速い！　それを評価し、「あなたは『測りのＨさん』やね！」と名付けたほどでした。「たまには前みたいに、接客してみます？」と聞いてみても、「いえ、いまはお肉の仕事がすごく楽しいんです」と笑ってくれます。

大切なことは、彼女を「測りのＨ」と呼んだように、その人の個性や得意なことに名前をつけてあげること。

すると、本人すら自覚していなかった自分の特長に気づくことができます。そして、それを周知することで、ほかの従業員も「じゃあ、お肉を測るのはＨさんに任せよう」と、仕事をお願いしやすくなります。結果、本人の自尊心は高まり、スキルも劇的に向上する、という好循環が生まれていきました。

就活弱者を活かす採用

佰食屋では、さまざまな背景を持った人、つまり普通の会社から見ると「マイノリティ」の方が働いています。

子育て中の主婦やシングルマザー、障がい者や留学生、中卒、高齢者……。70歳以上の人も3名いて、わたしは彼女たちのことを「おばあちゃんズ」と呼んでいますが、めちゃめちゃ元気で現役で、バリバリ働いてくれています。

これまでの経験から、コンプレックスを持っている人がとても多いです。面接で20社30社受けたけれど、どこにも採用されなかった。子育てや介護で早く帰らなければならず、周りのスタッフに申し訳ないと感じていた。なかには、「どんなに頑張ろうがミスをしなかろうが、なにか気分を損ねると、アルバイト先の先輩に殴られる」という理不尽な経験をした人もいました。

こういった人たちを採用するようになったのは、「残業ゼロ」「誰でもできる仕事」といった職場環境にくわえ、「学歴不問、職歴不問」にしていたおかげでもあるのですが、あるとき気づいたのは、これまでの苦労がたくさんあるからこそ人にやさしくできる人が本当に多い、ということでした。

これまで不遇な扱いを強いられてきたからこそ、まず会社の方から「あなたを大切にします」という姿勢を示すことで、自然と従業員も「この職場を大切にしたい」という思いを持ってくれているのかもしれません。

世の中がイメージする「仕事ができる人」は、手際がいい反面、ちょっとした軋轢を生む危険もはらんでいます。

テキパキ仕事ができるからこそ、少しでも自分のペースを乱されると、「ちょっと待って！」と口調が乱暴になる。思うように仕事の進まない同僚がいると、「しっかりしてよ！」とイライラする。イライラは周りにも伝播します。それがお店の雰囲気を損ねてしまう。

真面目にコツコツと仕事ができる人。おとなしくて消極的だけど、人にやさしく接することができる人。いわゆる「就活弱者」と呼ばれる人の中には、そういった人たちがたくさんいます。多くの会社は、そんな人たちのすばらしさを見落としてしまっているのではないでしょうか。

労働者市場の最前線から撤退した

「大企業に優秀な人材が集まるのは、それだけの資金力とブランド力があるから」「IPO（新規株式公開）すれば、優良企業としての認知が高まり、優秀な人材を獲得できるはず」。

そう考える経営者も多いでしょう。

けれども、そもそも考え直さなければならないのは、「優秀な人材」という漠然とした言葉を使っていること自体です。

「優秀な人材」って、会社の目指す方向や価値観によって当然違ってくるものじゃないですか。それをいかに適切に定義して、明確にできるかどうかは、労働者人口が不足するこれからの世の中において、とても重要なことです。

佰食屋にとって「いい人」つまり「優秀な人材」とは、真面目に業務に取り組める人、人にやさしくできる人、地道な仕事をおろそかにせず丁寧にできる人のことです。

リーダーシップがある人、コミュニケーション力が高い人、自らアイデアを出し率先して仕事を生み出せる人……そんな人材は希少価値も高く、取り合いになるのは当たり前です。しかも、どんな企業でも活躍できる能力があるからこそ、少しでもいまより良い条件で働ける会社があれば、彼らはすぐに辞めてしまいます。

そんな「労働者市場最前線」に身を置きつづけて、投資しつづけられるだけの体力がどれだけの企業にあるのでしょうか。

佰食屋は売上増も多店舗展開も捨てました。ですから、佰食屋にとって、労働者市場最前線にいる彼らは「優秀な人材」ではないのです。

「誰かいい人はいないのか？」の前に「うちはいい会社なのか？」と考える

最前線から少し視線をずらすと、まだまだたくさん「いい人」は隠れています。これまでの経歴は大したことないかもしれない。家族を優先せざるを得ないから、体力があるわけではないから、働ける時間は短いかもしれない。

けれども、そんな人たちと向き合い、無理なく働ける環境と条件を「まず会社側が」整えれば、彼らは本来持っていた能力を発揮してくれるようになるのです。

毎日、佰食屋という名に恥じることなく、１００食を売り切ってくれます。「お金をごまかそう」なんて悪い知恵を働かせる人もいません。みんなお店をしっかりと守り、なにかあればすぐに相談して、真摯に仕事に取り組んでくれる立派な人ばかりです。わたしが講演活動や広報活動に忙しく、全国を飛び回るようになっても、昨日も今日も明日も、変わらず佰食屋を開店し続けてくれているのは、従業員たちです。そして、これからの佰食屋を担ってくれるような人材も育ちつつあります。

「誰かいい人はいないのか?」とふと口をついて出たとき、経営者は「どこかにいい会社はないのか?」という問いに、自分自身が胸を張って答えられる環境を用意できているか、考える必要があるのでしょう。

社員の声　Rさん(女性)

——佰食屋にはどういう経緯で?

Rさん　70歳になったんですけどね。ずっと自営業をしていたんですけれども、そっちのカタもついて、じっとしてるのももったいないし、できればもう少し外で働きたいなと。はじめて知ったのは、娘が西院の店に誘ってくれて、行ったんです。で、ものすごくいい雰囲気で、食事もおいしかったし、わたしのような方も働いておられて。みんなが楽しそうにしてはるのを見て、こういうところで働けたらありがたいなあと思って調べて、ハローワークにちょうどここがあったので、「ラッキー」と思って。雇ってくれるか自信はなかったんですけど、来たんです。

——どんな面接だったんでしょうか？

Rさん　こういう機会ははじめてだったんで、よくわからなかったんですけど、「体力はあるので、ほかは自信ないんですけどもできれば」とお話しました。そしたら「ぜひ一緒に働きましょう」と言っていただいて。もう本当にやさしい。いまだにわからないことたくさんありますけど、みなさん嫌がらずに一生懸命教えていただいて、イケズもしないしね。

——お店の雰囲気はどうですか？

Rさん　これまではいろんなことがありましたけど、どこ行っても絶対にイケズな方いますからね。でもここは本当にいないんです。覚えてもすぐ忘れるから、都度都度聞いてね。でも嫌がらずに、店長も「なんでも聞きや」みたいな感じで。働いてはる方にもカバーしてもらってますし、こんなわたしでもできるんだと思ってね。ありがたいですね。

――どのくらい働いているんですか？

Rさん　週に4回から5回かな。朝の11時から夕方の16時まで。日中に働いたらね。ごはんもおいしくなるし。仕事がしやすいというのがいちばんうれしいですね。1年間休まずに来られたのも楽しいんです。2回ほど、11時からやのに1時間も早く来ちゃってね。「来るのが早い」って叱られました。それぐらい楽しくて。食器洗いが中心ですけども、お肉もね、ちょっと触らせてもらえるようになりましてね。注文もすぐ忘れるけど、つくることもありますし、ごはん盛ってお汁注いで、お肉並べて出すというのはできてます。

――周りのご友人も働いてらっしゃるんですか？

Rさん　家にいる方もけっこういますけど、長年勤めてるとこで働いている方もいますし、息子の店を手伝ってるとかね。あと半年か1年かわかりませんけど、手が動く限りは頑張りたいなと思ってます。おかしな話ですけど、本当にわたしはここに来て、ラッキーな人やなって思います。「ありがとうございます」と言うてもらえるとね、自信も湧くし、嬉しいから、「ほんじゃわたしも、もうちょいやるか」ってね。

ロスジェネ世代がいちばん活躍できる場所

佰食屋はこうして「やる気に溢れている人材はいらない」と公言していますが、そういった人やそういう働き方を、否定したいわけではありません。

自分の能力を発揮し、難しい課題を解決しながら、これまでにない、まったく新しい商品やサービスを生み出し、提供する。そのために労力と時間を惜しまず、その成果として高い給与や報酬を得る――。それもまた、すてきな働き方の1つです。

けれども一方で、言われた通りのことをやりたい、9時〜17時の決められた就業時間内でやるべきことを丁寧にやり切って、家に帰って家族と晩ごはんを食べる。そんな、ごくごく平凡な働き方が、評価されず、望んでもいない過酷な労働状況に追い込まれていくのは、あまりに酷です。

実は、佰食屋の従業員には、「就職するまでお店のことを知らなかった」という人が多いのです。

それは、多くの場合、これまでの職場で長時間労働を余儀なくされていたから。ニュースを見るような時間の余裕や、おいしいものを食べるためにインターネットを調べるような心の余裕を持てるのは、意外とハードルの高いことなのです。

「ロスジェネ」と言われる30代〜40代後半の人は、佰食屋でもたくさん活躍してくれていますが、これまでの労働環境の話を聞いていると、「どうしてこんな状況が放置されているのだろう」と憤るばかりでした。

長時間労働の無理がたたって休職を余儀なくされたり、ＩＴ化の余波や不況の影響を受けて、雇い止めや派遣切りに遭ったり、希望退職を迫られたり、いざ転職しようと思っても年齢で弾かれて、それすら「自己責任」と言われてしまう。

そんな世代の人たち。

佰食屋が真っ先に採用したい、活躍してもらいたいのは彼らなのです。

一生懸命働くことがスタンダードだった人たちを大切にしたい

「9時〜17時できっちり働いて、家族と一緒に晩ごはんを食べる」。

そんな平凡な働き方が、どうして叶わないのでしょうか。

日本経済の発展と衰退のその狭間で、いちばん大きな影響を受けた世代が、ロスジェネの方々だったと思います。

耐える世代、だったはずです。

バブルは弾け、コツコツと仕事をこなしながら、「ラクに稼げる仕事なんてそうそうない」「言われた通りのことをしろ」「24時間戦えますか」と必死に耐えることばかりを求められ、「プライベートの時間」などまったく保障されてこなかった世代。それこそ世の中の経営者にやりがい搾取されてきたのです。

そんなロスジェネが、そのまま歳をとって、今度はいきなり「時代遅れの世代」として切り捨てられてしまうのは、あまりに理不尽です。

彼らが持つ誠実さや、きっちりと働く真面目さを、そのまま活かせるような職場があれば、そしてこれまでなおざりにされてきたプライベートの時間もしっかり確保して、無理なく働ける環境があれば、社会人としての基礎能力を大いに発揮できるのではないか——。

だから佰食屋は、「働くことの尊さ」をわかっている彼らを積極的に採用し、大切にしています。

「残業ゼロ」「有休完全取得」といったところばかりに目を向けて「僕も働きたいんです」と、大学生から志望されることもあります。けれどもはじめから佰食屋に来てしまうと、この環境は生ぬるく感じられてしまうでしょう。佰食屋の環境が当たり前と思ってしまえば、もしほかの企業へ転職したとき、あまりの落差にきっと疲弊してしまう。それは本人にとってもよくないことです。

ダイバーシティ企業になったのはたまたま

「佰食屋では、なぜダイバーシティを実現できたのですか?」。

これだけ世の中で「多様性の時代」と言われ、講演でも高い関心が寄せられていると感じます。経済産業省は「グローバル時代の競争戦略としてダイバーシティ経営を推進するべきだ」として、「新・ダイバーシティ経営企業100選」を選定しています。ありがたいことに佰食屋も2017年に選出していただきました。

平成29年度 100選プライム　選定企業
計2社　(大企業2社)

製造業(1社)	カルビー株式会社	東京都
情報通信業(1社)	株式会社エヌ・ティ・ティ・データ	東京都

平成29年度 新・ダイバーシティ経営企業100選　表彰企業
計21社　(大企業9社　中小企業12社)

建設業(1社)	株式会社水清建設(★)	岩手県
製造業(12社)	北海道はまなす食品株式会社(★)	北海道
	株式会社ユーメディア(★)	宮城県
	株式会社井口一世(★)	東京都
	YKK株式会社	東京都
	中外製薬株式会社	東京都
	フォスター電機株式会社	東京都
	有限会社川田製作所(★)	神奈川県
	カゴメ株式会社	愛知県
	オムロン株式会社	京都府
	能瀬精工株式会社(★)	大阪府
	日本テクノロジーソリューション株式会社(★)	兵庫県
	KIGURUMI.BIZ株式会社(★)	宮崎県
情報通信業(1社)	株式会社ペンシル(★)	福岡県
運輸業、郵便業(2社)	小田急電鉄株式会社	東京都
	日本航空株式会社	東京都
卸売業、小売業(1社)	株式会社丸井グループ	東京都
金融業、保険業(2社)	株式会社みちのく銀行	青森県
	ライフネット生命保険株式会社(★)	東京都
宿泊業、飲食サービス(1社)	株式会社minitts(★)	京都府
教育、学校支援業(1社)	有限会社ジェム(★)	香川県

(★)従業員300人以下の中小企業

では、なぜ佰食屋はダイバーシティを実現し、さまざまな背景の人が働いているのか。

その答えは「いいと思った人を採用していたら、たまたまそうなった」です。拍子抜けするような答えでごめんなさい。でも、本当にそうなんです。

いわゆる「マイノリティ人材」を初めて採用したのは、シングルマザーのAさんでした。

面接をしていて、あぁ、とても感じのいい人だな、ぜひうちで働いてほしいな、と思っていたところ、Aさんが言いにくそうに、こう打ち明けてくれたのです。「実はわたし、一人で子どもを育てていまして、親に手伝ってもらってはいるのですが、もしかしたら、ご迷惑をおかけすることもあるかもしれません」。

わたしは、まったく「えー!?」とも「どうしよう……」とも思わなかったのです。「ふーん、そうなんや」。それくらいです。たしかに、子どもが急に熱を出すかもしれないし、親に預けられないこともあるかもしれません。けれども、わたしか夫が代わりにシフトに入ってフォローすれば問題ないな、と思ったのです。

その次に採用したのは、難聴のあるHさんでした。

ただ、Hさんのときは、ちょっと悩みました。当初、Hさんは西院の佰食屋に応募してこられたのですが、カウンター席のみのお店のため、どこにいても必ずお客様から声をかけられることになります。さすがにお店のザワザワのなか、声の小さいお客様が来られるとちょっと難しいかも、といったんお断りしました。

でも面接が終わって、家に帰ってからも、ずっとモヤモヤしていました。「もしわたしたちが採用しなかったら、あの人はこれからどうするんだろう。わたしたちにできることが、もっとあるんじゃないか……」。

それで、もう一度その日に電話してみました。「もしかしたら、ほかのお店に勤めていただく形なら大丈夫かもしれない。もう一度相談できませんか？」と、大きな声で。そして改めて面談して、「すき焼き専科でこんな働き方をしてみるのはどうですか？」と尋ねたところ「ぜひやってみたい」と。そして、Ｈさんを採用することにしました。

普通の人なんていない、そもそもみんなマイノリティ

マイノリティ人材を採用すると、イレギュラーな対応はもちろん増えます。

けれども、そもそも、マイノリティとはどういった人のことでしょうか。シングルマザーや聴覚に障がいのある人、高齢者、外国人、家族介護中の人、うつ病の人、LGBT（性的マイノリティ）……。

じゃあ、一人暮らしの若者は？　怒りっぽい性格の人は？　一人暮らしの若者は、無茶な生活をしてしょっちゅう遅刻したり体調を崩したりするかもしれないし、怒りっぽい人は、ずっとイライラ当たり散らすばかりで、周りがつねにフォローしなくてはならないかもしれません。

「普通の人」「マジョリティ」なんて、世の中に一人もいないのではないのでしょうか。

結局のところ、みんな少しずつ違っていて、みんな少しずつフォローし合ってい

る。そうやって人は暮らしています。それと同じように、同じ職場で働くのも、できる人ができない人をカバーすればいいし、できる人とできない人が入れ替わることだってよくあります。フォローする回数がちょっと増えるくらいなら、どうとでもなることです。

シングルマザーのＫさんのお子さんが立て続けに体調を崩し、しばらく休まざるを得なかったとき、従業員のみんなにはこう話しました。「彼女のフォローはわたしたちがするから、みんなは気にしないで。どうしても小さな子は体調を崩しやすくて、Ｋさんが悪いわけじゃない。きっと彼女がいちばん心の中で苦しんでいるから」と。

従業員の多様性は
お客様の多様性も生んだ

結果として、佰食屋はどのお店も多様性のある職場になりました。それによって、思わぬ形でポジティブな影響がありました。

来られるお客様さえもダイバーシティになってきたのです。

外国人のお客様がとても多いのは、これまでお伝えした通りです。また、障がい者や高齢者が来られても、雰囲気はなにも変わりません。すき焼き専科と肉寿司専科のお店はどちらもエレベータのない2階にありますが、従業員みんなが自然に手伝います。

ある従業員は、階段を降りられなくなってしまったご婦人に「おばあちゃん、背中乗って!」とお声がけして、おんぶして1階へお連れしたこともありました。片足が義足の人をお座敷席へご案内したときには、「こちらで足を拭いてくださいね」と、従業員が自然にタオルをお渡しししていました。

特にマニュアルがあるわけではありません。それでも従業員が自然に対応することができるのは、普段から従業員同士の多様性のなかで、お互いに助け合い、なにをどうすべきなのか、どんな場合に困ることがあるのか、学びとれているからだと思います。

子育て中の従業員から生まれた「キッズライス」というアイデア

たとえば、未就学児のお子様への「キッズライス」サービスは、子育て中の従業員みんなからのアイデアでした。

子どもはお腹が空くと、ぐずったり泣き出したりしてしまうことがよくあります。注文して料理が出てくるまでの時間、たった10分でも待つことは大変です。料理が出てきても、熱くてすぐ食べられないこともあります。お店でずっと泣きベソをかかれてしまうと、親御さんも気が気ではありません。

そこで、席に着かれてお茶を提供する際に「キッズライスはいかがですか？」とご案内して、はじめに子ども用お茶碗１杯分のごはんを無料でサービスすることにしました。このサービスは、お子様連れのお客様に大変喜ばれています。

こんな事例があったとき、わたしは本当に嬉しくて、大げさなくらいに褒めます。その人にだけでなく、「ちょっとみんな聞いて！　○さんがこんなことしてくれたんよ！　すごくない？」と、周りにも言います。

その人が勇気を出して、誰かの力になってくれたこと。

それを周りも評価して、「今度は自分もやってみよう」と思ってくれる。そうやって、思いやりの空気が循環していきます。

わたしが従業員と接して感じるのは、自分がマイノリティだ、と感じた経験のある人は、どんな人に対しても思いやり、やさしく接することができるということ。

きっと従業員の多くが、少なからず「こんな自分でも受けていいんだろうか」という思いを持って、勇気を出して佰食屋へ応募してくれたと思うのです。

そんな彼ら彼女らに対して、面接を通してじっくりと向き合い、その人が大切にしてきた思いを引き出し、仲間としてやっていけると確信すれば、わたしは面接の最後に、その日その場で、まっすぐにこう伝えます。

「わたしはあなたと働きたいです。佰食屋で一緒に働いてくれませんか？」。

たくさんの従業員から「あのときは、涙が出るほど嬉しかった」「自分を認めてもらえた気がした」と、後から打ち明けられます。わたしからすると、「よくぞ佰食屋を見つけてくれてありがとう」という気持ちです。

誰一人として、「わたしなんか」「自分なんてどうせ」と卑屈になることなんてない。みんなそれぞれ違ういいところがある——。

それは、もっと世の中に誇っていいことだと思うのです。

転校生を紹介する先生のように新入社員を紹介する

「いいと思った人を採用していたら、たまたまそうなった」とは言うものの、1つ課題を挙げるとするなら、大切なのは採用した後。これだけのダイバーシティをどうマネジメントするのか、です。

佰食屋が大切にしていることは3つです。

・転校生を紹介する先生のように新入社員を紹介する
・チームづくりは人間関係最優先
・つねにマイノリティの視点に立つ

年齢も置かれた環境も経歴も違う人が集まる職場。しかも佰食屋の従業員は、話すのが苦手だったり、人の前に立つと緊張してしまう人ばかりです。となると、すぐに配属されたお店に馴染めるかどうかが、その後の働きやすさにかかってきます。

ですから、従業員が出社する初日、わたしは必ず隣に立ち、その人の紹介をします。その人がこれまでどんな仕事をしていたか。どんなことが得意で、どんなことに興味を持っているのか。どんな課題を抱えているのか。端的に話すのです。

たとえば、難聴を抱えるHさんは、シングルマザーとしても娘さんを育てあげ、いまはお母さんの介護もされています。こう話すと、とても苦労されているように感じるのですが、本人はとてもハキハキしていて、かつ包容力のある人です。

わたしはまず、みんなにこう伝えました。「彼女は耳が聞こえにくいから、声をかけるときは肩を叩きましょう。介護や体調不良で急に来られないときがあっても、わたしが代わりに働くから、みんな気にしないでください」。

Hさん自身が言いにくいことを先に代弁したのです。いわば、クラスに転校生がやってきたとき、先生がその子をみんなに紹介するかのように。

働いていくなかで、Hさんはアルバイトの女の子たちの面倒をよく見てくれるようになりました。思春期の彼女たちはまだまだ働くことに慣れておらず、いろいろと困ることもありました。そんなとき、みんなの前でこう伝えました。「Hさんはマザー・テレサみたいに包容力のある人だから、なにか困ったことがあったら相談してみてね」。

アルバイトのなかには女子大生も多く、メイクも派手め、金髪、ちょっとやんちゃ気味な女の子もいました。そのとき女性の正社員はHさんだけだったので、その女の子が孤立してしまわないよう、Hさんにこっそりとお願いしたのです。

彼女が抱える課題を伝えるだけでなく、役割に名前をつけ、みんなに伝えたのです。

チームづくりは人間関係最優先

佰食屋が従業員に求めているのは、誰でもできるような仕事です。コツコツ続けていれば、誰でも覚えることができますし、誰がどの店に配属されても、みんな同じことができます。ですので、従業員を配属するにあたって、もっとも重要視しているのはスキルではなく、人間関係がうまくいくかどうか。

逆に言うと、それしか気にしていません。

どうすれば売上が上がるか、という視点でスキルだけを優先した配属をつくった場合、どうでしょうか。職場から聞こえてくるのは、「アイツは使えない」「わたしはこんなに頑張ってるのに」「また尻拭いか」といった人間関係の愚痴ばかりでしょう。

会社とは、人の集まりです。一人ではできないことをするために会社があります。だとすれば、もっとも優先されるのは人間関係のはずです。

新人の個性とほかのメンバーの個性との相性がいちばんしっくりくるチームはどこか、というポイントにだけ気をつければいいのです。

たとえば、先ほども紹介した肉寿司専科の納品担当を務めるYくんは、本当に話すのが苦手な男性です。別に雑談しなくても困らないだろうけれど、Yくんが困ったとき、誰かに相談しやすいような雰囲気をつくってあげたほうがいいだろう、と考えました。するとMさんという女性がいちばんツッコミ役として適任だと思ったのです。

彼女は4歳と1歳のお子さんがいるお母さんで、人の特徴をうまく捉えて、話を聞き出すのが得意な人でした。きっと相性がいいはず。そこで二人を肉寿司専科に配属したところ、狙い通り！　Mさんは彼が口下手なのを笑いに変えたり、似顔絵を描いてあげたりして、Yくんは孤立することなく、周りからも愛される関係に落ち着いています。

また、中国人留学生のBさんを面接したときは、まだ日本へ来てわずか1週間でした。

日本で働く場所がなければ勉強するにも困るでしょうし、お金も足りなくなるでしょう。そこで、間もなく卒業を迎える予定だった、日本語がペラペラの先輩で中国人留学生のFさんがいる肉寿司専科に配属しました。「親心」であたたかく見守ってサポートしてくれるのではないかと期待していたところ、これも狙い通り、いい雰囲気で迎えてくれました。日本語のつたない部分も上手にサポートして、とても身近な日本語教師になってくれたのです。

ほかの会社よりも格段に勤務時間が短いとはいえ、佰食屋でも1日数時間は職場で過ごします。1日のうち、少なくない時間を一緒に過ごす同僚との人間関係がうまくいかないと、真っ先によぎる言葉は「退職」だと思います。

これからの時代、新しい従業員を採用し続けるのと、一度採用した従業員になるべく長く働いてもらうのと、どちらのほうが大変でしょうか。

そのために、経営者がすべきことはなんでしょうか。

マイノリティの視点に立ったマネジメント

一点、ここだけは間違ってはいけない、と考えているのは、従業員同士がただの「仲良しグループの集まり」にならない距離感を保つこと、です。

たとえば、佰食屋は業務連絡をLINEのグループチャットで行なっています。店舗ごとのグループ、店長だけ、正社員だけ、アルバイトだけ、グループそれぞれにわたしと夫、そしてエリアマネージャーが参加しています。そこでは、急な体調不良や家庭の事情による休みの連絡や人事申請のやりとり、仕事上の相談など、業務に必要な最低限のやりとりが行われます。

そして、わたしからの投稿にはたいてい「返信不要」と但し書きをつけます。「わかりました」といった承諾や、スタンプの連打が起こらないようにするためです。

プライベートでもよくありませんか？　自分が気づかないうちにグループ内が盛り上がって、数十件も通知が溜まっていること。「一部が勝手に盛り上がっている」と疎外感を覚えることがありますよね。

コミュニティは、ある一定の期間が経つと、その中にさらに小さなグループができてきます。すると、そのグループに入れなかった人は、途中からはなかなか仲間に入れてもらえず、そのそばで疎外感を募らせ、孤独を感じてしまいます。そしてさらにグループが分かれると、グループ同士がギスギスしたり、排他的になってきてしまう。

わたしは、その孤独をつくりたくないのです。

プライベートではよくあることですが、せめて佰食屋のなかだけは「内輪ノリ」に戸惑うことなく、「普通に気持ちよく働ける場」として機能させたい。そんなふうに、マイノリティの視点で物事を考えることが、わたしのマネジメントの基本姿勢にあります。

中国からの留学生Bさんには、「日本語勉強中」というプレートをつけてもらうことにしました。すると「お客様がやさしくしてくれて、とても嬉しいです」と言います。では、耳の聞こえにくいHさんもなにかプレートをつけているのか、というと、実はなにもしていません。

Hさんが入社したとき、「オーダーがわかりやすいように、目でわかるランプをつけましょうか？」と聞いたところ、「特別扱いはしなくていい」と本人が頑なに断ったのです。そういう場合は、本人の意思を尊重します。大切にしたい価値観は、人それぞれです。そうやって、従業員一人ひとりが気持ちよく働ける環境を整えながら、仕組みで解決できることはなるべく仕組みで解決していきます。

よくよく考えれば、佰食屋が電話予約不可なのも、日本語の話せない海外の人や耳の聞こえない人などに不利になってしまうから。これも「マイノリティの視点」と言えるかもしれませんね。

社員の声　Nさん（男性）

――佰食屋は何社目ですか？

Nさん　正社員としては初めてです。それまではずっとフリーターでした。ちょうど就職氷河期の世代で、なかなか採用も決まらなくて。前は回転寿司で働いていました。朝の11時の開店から、夜の11時の閉店まで、ずっとバイトが代わるがわる入って、それから店を閉めて……となると、しんどかったですね。精神的に、というより、単純に体力的にきつかったです。

――一日の仕事の流れを教えてください

Nさん　朝の9時頃に来て、営業の準備と、ちょこちょこ仕込みも始めます。それから整理券をもらいにお客さんが来だして、早い日は12時くらいで予約が終わります。で、15時前くらいには最後のお客さんが帰られて、片づけて、明日の準備をして、16時くらいにまかないを食べます。そのあと、残りの発注業務などをして18時前に上がります。

――クレドについて、心がけていることはありますか?

Nさん　毎日同じものがつくれるように、ですかね。軍艦寿司にのせる肉そぼろもここで煮込むんですけど、毎日味が微妙に変化するのでそこをちょっと整えたり。いつも同じことをしてるようで、ちゃんと確認しないといけないところはありますね。やっぱり毎日100人のお客様が来られて、ぼくらにとっては毎日のことですけど、来られたお客様にとってはその日限りだったりするので、そこは緊張感があります。一応店長なので、みんなが働くなかでなにをしてるのか、その人に合ったやり方なのか、ちゃんとできるのか、日々の営業のなかで困ってるとか、お客さんにできることはないか、とか、店長として違う目線でしないといけないなと思ってますね。

――ここにはどんなメンバーがいらっしゃいますか?

Nさん　パートで二人ご年配の方がおられて、あとはだいたい30代から40代。大学生の男の子と中国人の留学生もいます。日本語もすごく勉強してるみたいで、努力してる子ですね。おばあちゃんたちもすごいですよ。どうしてもバタバタするときはあって、そこで「疲れてないですかって?」って声をかけるんですけど「大丈夫です!」と元気よく。教えたりするときは、さまざまな年代の方がいらっしゃるので言葉使いは気を使いますし、でもいろいろな人と働けて経験になっているかなと思います。文字を読むのが苦手な方もいらっしゃるんですけど、洗い物をしてもらったり、こっちから「これをしてください」「あれをつくってください」と言葉で言えばいいだけなんで、なにも困ることはないです。

第5章

佰食屋1／2
「働き方」のフランチャイズへ

大阪府北部地震と西日本豪雨

コストの高騰、労働者人口減少による人材不足、消費低迷……。

日本経済を取り巻く危機的状況を、佰食屋は「1日100食限定」「フードロス削減」「ダイバーシティ経営」「圧倒的な商品力」といったキーワードによって、力強く乗りこえてきました。

こうして順風満帆に見えた佰食屋に、ある転機が訪れました。

2018年6月18日、大阪府北部地震です。

震源地に近い大阪府北部では震度6弱を記録し、京都市内も震度5強を記録。建物の倒壊や損壊、被害も甚大で、残念ながら亡くなられた方もいらっしゃいました。朝のラッシュ時を直撃したこともあって、公共交通機関が軒並み運休し、終日復旧しない路線もありました。

その被害は京都市内も例外ではありませんでした。特に影響したのは観光業界。宿泊キャンセルが相次ぎ、観光客が減ってしまいました。

続けて、西日本一円を襲った平成30年7月豪雨による被害です。ひたすら降り続けた豪雨によって、京都府各地でも土砂崩れや河川氾濫、浸水被害が相次ぎました。市内を流れる桂川はもともと氾濫しやすく、その5年前にも嵐山一帯が浸水被害に遭ったこともありましたが、これほどまで「雨がこわい」と思ったのは、人生のなかでもはじめてだったように思います。

そして当然、観光業も大打撃を受けました。祇園祭を控え、まさにこれから観光シーズンだったにもかかわらず、またも宿泊客のキャンセルが相次ぎました。特に台湾や香港などからのお客様が激減しました。

佰食屋もその影響を免れることはできませんでした。お客様が半分になったのです。

来る日も来る日も、50食ほどしか売り切ることができず、ひどいときには30食ほど。開店当初の悪夢が久々に頭をよぎりました。くわえて、わたしたちがあの頃置かれていた境遇とはまったく違います。いまや3店舗を経営し、従業員を多数抱えているのです。

突然訪れた閉店の危機、佰食屋に50人しか来ない

そこにトドメを刺すかのように、2018年9月4日、西日本を縦断した台風21号が関西地方に襲いかかりました。

みなさんもニュースで目にしたかと思いますが、連絡橋にタンカーが衝突。西日本の玄関口である関西国際空港が高潮被害によって閉鎖されてしまいました。

台風の翌日までは、その影響で帰国できなくなった観光客が京都に足止めされ、かえってにぎわうくらいだったのですが、次の日から一転、状況は深刻なものとなりました。「ここは本当に京都なの?」と思うくらい、人がいなくなってしまったのです。

肉寿司専科のある錦市場も、例外ではありませんでした。あんなに活気ある市場に、ほとんど人が歩いていない……もう、ゾッとしました。そんな状況が2週間ほど続きました。

6月の地震に7月の豪雨、そして9月に台風。述べ3か月に渡って京都を襲った天災に、佰食屋は強く打ちのめされました。3か月連続で数百万円の赤字になったのです。ほかの企業にとってはさほど大きな痛手ではないかもしれませんが、佰食屋にとっては死活問題。資金繰りが悪化し、どうにもやっていけなくなりました。

深夜、夫と二人だけの役員会議で、3店舗中1店舗を閉鎖する決断をしました。賃貸契約の解約通知書を用意して、明日の朝、テナント会社に連絡してこの書類をFAXで送ろう、というところまで話して、眠りにつきました。

けれども、まぶたを閉じても、頭の中をぐるぐるといろんな思いが駆け巡ります。

従業員みんなにとって幸せな働き方を提供したい――。

その思いだけでやってきたのに、みすみす彼らを解雇する決断を下していいのだろうか。わたしがこれまで佰食屋をやってきた思いは、そんなものだったんだろうか。

いつものたった2分の1しかお客様がいらっしゃらなくて、従業員の人員も余って、食材も余って、そんな日々が3か月も続いて……本当に生きた心地がしませんでした。不安がる従業員たちを「みんなは気にせんといて。わたしに任せて」と励ましながらも、わたし自身は夫に「ホンマにどうしよう。いつまでこんなんが続くんやろ……」と弱音を吐き出していました。

初めて自分がクレドを守れないと思った

佰食屋のクレド。「会社は明日の責任を。みんなは今日の責任を。」です。経営者であるわたしの役割は「これからの集客や広報に責任を持ち、お客様にたくさん来ていただく努力をし、みんなを大切にする」こと――。

それなのに、わたしはみんなを守りきれず、解雇しようとしている……。一人ひとりの顔を思い浮かべると、涙が出てくるのです。

「こんな歳になっても現役として働けて、若い子たちからも根気強くいろんなことをやさしく教えてもらえて、いま、人生でいちばん幸せなんです」。

おばあちゃんズの言葉。

「暇なとき、なにかわたしたちでもできることはありませんか?」。

不安ななか、必死の思いで声をかけてくれたみんなの言葉……。

決断をしたからには、社長として、毅然とみんなに伝えなければならない。そう、何度も何度も言い聞かせたのですが……わたしにはできませんでした。

「会社は明日の責任を」と言っておきながら、集客できなかった責任を従業員に押しつけるのか? 本当に、そこに愛はあるんか? と自問自答したとき、ふと思い返したのです。

地震、豪雨、台風被害。立て続けに起こった天災によって、佰食屋にいらっしゃるお客様は2分の1に激減しました。1日50食しか完ることができませんでした。

でも……そんな一大事のときでも、50食は売れた。50人のお客様は来てくれた。

そうか、50食だ。「1日100食限定」を「2分の1」にするんだ。

わたしが考えたのは、さらに「売上を減らす」ことでした。

「1日限定100食」を「2分の1」にする

「売上を減らす」って、どういうこと？

つまりこういうことです。

佰食屋の大きな特長である「1日100食限定」を「2分の1」にするのです。

地震、台風、豪雨という自然災害のなか、50名のお客様はわざわざ佰食屋へ来てくださいました。いわばそれは、「なにが起こってもブレない売上」と言えるでしょう。

それなら、1日限定50食を売り切って、そこから逆算して赤字が出ない運営体制を考えればやっていけるのではないか、と思ったのです。

「もっと売り上げなきゃ」と千食屋、万食屋にするのではなく、2分の1にする。「絞る経営」をし続けてきた、佰食屋らしい、逆転の発想です。

翌朝、送るはずだった解約通知の書類をゴミ箱に放り投げて、もう一度、この危機を乗り越えるためにできることを考えはじめました。

まず行なったのは、役員賞与の放棄です。税理士の先生にも相談して、1年間をさかのぼって、わたしと夫の二人分の年収を返上しました。

当然、中村家の家計は火の車です。「主婦としてのわたし」は呆然です。けれども想定どおり集客できなかったのは、わたしたちの責任。税務署に必要書類や手順を聞いて、一気にカタをつけました。

それから、佰食屋の収益構造を改めて見直しました。そこで目をつけたのは、肉寿司の原価率でした。

そもそも肉寿司は、開発時点で苦労に苦労を重ねて生み出したメニューでした。握り、軍艦、巻き寿司の3種類それぞれ異なる部位と調理法で仕上げるため、そもそも高い原価率がほかの店舗よりもさらに高い、約57%にまで上がっていました。

もしこの原価率をほかの2店舗の水準まで下げることができれば、少しは収益構造を改善することができるのではないか。

そう考え、肉屋さんにお願いしてさまざまな部位を用意してもらい、もう一度試作をしてみることにしました。もともと「クラシタ（肩ロース）」という部位を使っていたのを「ウチヒラ（もも肉）」に変えてみたところ……同じ味わい、いやむしろいままで以上においしいものを再現できました。

そして、原価率を約45％近くにまで下げることができたのです。ほんの12％でも、年間に換算すれば大きな金額になります。それはまさに、起死回生で成し遂げられた大革命でした。

それから、1店舗も閉店させることなく、従業員もこれまでどおり働きつづけてもらえる道筋を立てることができました。

追い込まれて、泥臭くあがいた結果、佰食屋の収益構造は改善されました。従業員たちも「暇で暇でしかたなかった」3か月を経て、また「1日100食売り切れる」日々が戻ってきたとき、働ける喜びを身にしみて実感するようになりました。佰食屋はこうして、危機を乗り越えられるしなやかさを手に入れたのです。

そして、わたしはさらなる将来を考えました。

災害はこれからも毎年やってくる

3か月に渡る災害被害。これは果たして「そうそう起こらない偶然の出来事」だったのでしょうか。

中小企業庁がまとめた「平成28年度版中小企業白書（2016）」によると、自然災害の被害額を集計し、世界全体を100とすると、日本の被害額はおよそ17%。日本の国土面積は、世界のわずか0・25%を占めているに過ぎないにもかかわらず、極端に多くの災害被害を受けています。日本が「自然災害の多い国」と言われる所以は、ここにあるのです。

また、1971年以降の自然災害による被害額と発生件数の推移を見ても増加傾向にあります。「ゲリラ豪雨」という新しい言葉も生まれましたが、果たして、あの雨は本当にゲリラ的なものなのでしょうか。もはや、当たり前に日本に降る雨として認識するべきものなのではないでしょうか。

つまり、「なにも起こらない年」のほうが異例になってきているのです。

日本経済の現状にも目を向けてみると、ご存知の通り、日本の総人口は減少しつつあります。国立社会保障・人口問題研究所の発表した「日本の将来推計人口（平成29年推計）」によると、総人口は2008年の1億2808万人をピークに減少、2050年に1億人を割り、2065年には8808万人にまで減少。また、厚生労働省の「毎月勤労統計調査」、および総務省統計局「家計調査」によると、2000年以降、実質賃金と実質消費支出は月ごとに細かく上下しながらも、全体として下降の一途をたどっています。

総人口が減少し、労働者の賃金も減少し、消費者の可処分所得も抑制され、消費は低迷しています。そして、毎年のように災害は起きます。この現状に左右されないよう、企業が生き残っていくには、どうしたらいいのでしょうか。

ギリギリ低空飛行だけど絶対黒字

飲食店を経営している以上、切っても切り離せない悩みは、集客と人手不足、そして赤字です。

みなさんもよくご存知のミシュランガイドの掲載店として、知人のお店が数店舗紹介されています。グルメ番組などのテレビによく出演されている方にも知人がいます。そういった方のお話をお伺いしていると、京都だけでなく、東京や海外にも店舗展開しているような有名店ですら、赤字決算に陥ることがあるのだそうです。

「全然、黒字にならないんですよね。うまくいったときといかないときをならしたら、まぁまぁなんとかなるもので、そんな感じでこの10年くらいやってきたんですよ」。

みなさん笑いながら仰るのです。大きな会社ですらそうなら、佰食屋みたいに小さな会社では、うまくいかなくて当然です。

この3か月、赤字が積み上がっていくことがどれほど心理的にしんどかったことか。こんな思いはもう二度としたくない。

それが、正直な心境でした。

そこで思いついたのが「佰食屋1／2」でした。

集客、人手不足、赤字、この3つの悩みに惑わされず、「安定的に低空飛行して、絶対に黒字を出す仕組み」をつくることができたら、これからの日本でも生き残れる飲食店のビジネスモデルになるのではないか、と考えたのです。

1日50食なら、どんな雨の日でも寒い日でも、売り切ることができる。

1日50食なら、京都のような観光都市、あるいは東京のような大都市でなくても、売り切ることができる。「京都にある佰食屋だからできるんでしょ？」そんな言い訳はもう通じません。

1日50食なら、たった二人しかスタッフがいなくても、売り切ることができる。まるでオセロの表裏を返すように、「1日50食限定」にすることで叶えられることがたくさん出てくるのです。

働き方そのものをフランチャイズ化

「佰食屋１／２」では、１日50食を売り切ります。勤務時間は、朝10時から夕方16時。たったの６時間です。定休日は日曜日にしてもいい。50食を売り上げたら、１日計５万円の売上になる想定です。

「たったの５万円？」そう思うかもしれませんが、月に25日営業するとして、月商125万円。そうすると、原材料費や家賃、光熱水費などの必要経費を差し引いて、残るのが約50万円。これが給与となるのです。

もし、夫婦で一緒にお店をやることにしたら？

一緒に朝ごはんを食べて、子どもがいれば保育園に送り迎えして、朝の10時から夕方16時まで働く。定休日も自分たちで決めて、子どもと一緒に出かけることもできる。世帯月収は50万円。そんな働き方が実現します。

わたしはこの「働き方のフランチャイズ」を、全国に広げていきたい――。

いま、会社勤めで朝から夜遅くまで必死に働いても年収500万円に満たない人も大勢います。妻は「ワンオペ育児」を強いられるか、保育園に子どもを預けてパートで働いても、大変なわりに扶養控除の対象額が限られているので、ギリギリ家計を助けられるかどうか、というところです。妻は子育てと仕事の両立で疲弊して、夫は子どもの寝顔を見るばかり。本当にそんな働き方でいいのでしょうか。

それなら、夫婦で朝10時から16時まで働いて年収500万円稼ぐ、というのはどうでしょうか。時間にも心にも余裕が生まれるはず。朝と夜はしっかり子どもと一緒に過ごす時間を取って、その成長を見守っていきたいと考える人は、いま、たくさんいらっしゃるでしょう。この働き方は、子育て世代の夫婦に限らず、きっと多くの人に求められていると思うのです。

定年退職したものの、まだまだ身体も動くし、あと10年は自分たちのペースで働きたいと考えるご夫婦、日中は安定した職業に就くかたわら夜はYouTuberや創作活動など副業や趣味に打ち込みたい人……。

仕事だけで1日が終わってしまうのではなく、自分のやりたいこと、好きなことにもっと時間をかけられる働き方を、もっと多くの人が選べるような世の中になったら……。「佰食屋1／2」は、いまの世の中に求められているビジネスモデルだと思うのです。

佰食屋1／2の具体的な計画

フランチャイズ、という言葉にいいイメージを持たない人も多いでしょう。あらかじめ契約でがんじがらめに縛られて、厳しいノルマや営業時間を課せられる、そんな印象かもしれません。

けれども佰食屋1／2は、「そんなに売らなくていい。50食だけでいい」「長く働かなくていい。ランチタイムだけでいい」と、まるでその真逆をいくことばかりをやろうとしています。

まずは京都市内に1軒、直営の佰食屋1／2を2019年6月にオープンしました。

将来的には、このフランチャイズに加盟が決まった方に、1か月間研修として佰食屋1／2に来ていただき、実習を積んで、佰食屋1／2独自の店舗運営やオペレーションを学んでもらいます。宿泊場所も用意するつもりで、遠方の人でも1か月間みっちりと「佰食屋イズム」を吸収して、自分たちの暮らす街へ持ち帰ってもらえたら、と考えています。

その後、フランチャイズ店をオープンしても、年に1回は研修してもらうことになるでしょう。なにぶん「ほったらかし」にできないタチなので、ずっと佰食屋の仲間として一緒にやっていける人でないと、佰食屋1／2を託すことはできないでしょう。だからきっと、その選定基準はこれまでどおり、「わたしたちと一緒にやっていけそうな人」になるんだと思います。

そしてもし、開店するにあたって地元金融機関から融資してもらうのが難しそうだったら、佰食屋のメインバンクの協力のもと、それこそ貸金業の免許をとって、佰食屋から融資できるような体制をつくるなど、あらゆる方法を考えています。

わたしたちがやりたいのは、単にいち事業として佰食屋1／2を成り立たせることではなく、全国各地に幸せな家族を増やしていくこと、幸せだと感じられる時間と心の余裕を持った人を増やしていくこと。

そして、その実現は、いま佰食屋にいる従業員たちにも夢を見せてあげられることだ、と考えています。「1日100食」という上限を決めている以上、店舗が増えたり、販路拡大をしなければ、これまでのように毎年の給与のベースアップが続いていくか、不安を抱えるかもしれません。

でも、フランチャイズによって、少しずつ、でも着実に佰食屋の思いを受け継いだ人たちが世の中に増えていけば、佰食屋にいる従業員たちにも還元できる。そして、独立しようと考えたとき、佰食屋1／2の仕組みがあれば、またゼロからお店を立ち上げるよりはずっとラクに成し遂げることができるはず。

そうやって「穏やかな成功」の理想形を生み出すことで、この幸せなサイクルがずっと循環していけばいいな、と考えています。

2019
6/12 WED OPEN
営業時間★11:00~14:00 定休日★日曜日
佰
ビーフライスとキーマカレーの専門店
佰食屋 1/2
BEEF RICE & KEEMA CURRY
1/2《にぶんのいち》プレート ¥1000（税込）
キーマカレー
お子様でも食べられる辛さ控えめ。卓上の辛さ調整スパイスでお好きな辛さにどうぞ。
味変サラダ
小松菜のラペ／人参のラペ
サラダ豆／ゴボウサラダ
ビーフライス
牛肉と玉ねぎとしめじと、具が沢山で食べ応え抜群！優しい味だけどガッツリ。
So Tasty!
yummy

目指すのは軍隊アリ戦法

「グンタイアリ」という昆虫の名前を聞いたことはありますか？

グンタイアリは、普通のアリのように巣をつくるのではなく、隊列を組んで生活するのですが、その群れに出くわすと、トラやゾウすら恐れをなして逃げ出すそうです。大きく発達したアゴとキバ、そして毒針で攻撃し、一度咬んだら離しません。踏まれても砂粒に隠れて死なないくらい小さな個体にもかかわらず、グンタイアリの大群に襲われると、大きな哺乳類ですら負けてしまうのです。

わたしはいま、このグンタイアリの姿を佰食屋に重ねています。

佰食屋1／2という、ささやかではあるけれど、たしかな一手を導き出したことは、世の中を大きく変えるきっかけになるのではないか。

1日50食限定、ずっと低空飛行で、でも絶対に潰れないお店が全国各地に現れたら、どうなるでしょう？　大手チェーン店のように広告宣伝費を使わず、そのぶんをメニューの原価に上乗せして、本当においしいものを提供する。同じ金額を出すなら、絶対に佰食屋１／２のほうがおいしいのです。それなら、お客様はどちらを選ぶでしょうか？

集客、人手不足、赤字……この３つの悩みはすでに克服しています。佰食屋が挑もうとしているのは、「小さくても向かうところ敵なし」の戦いです。

人生１００年時代の働き方のモデル

いま、さまざまなところで「人生１００年時代」という言葉が飛び交います。現に、すでにそういう時代になっている、と言えるかもしれません。

60歳で定年しても、まだまだ働ける。年金受給がはじまる65歳までのブランクを埋めるべく、元の会社で再雇用されたり、シルバー人材センターで仕事を探したり……。それでも「この歳で新しい仕事が見つかるだろうか」「お金は足りるだろうか」と、不安は尽きません。

そして、多くの人が求めているのは、「年商数百億を稼いで、会社を成長させていく」でも「年収数千万をかせいで、立派な家と車を買い、贅沢な暮らしをする」でもありません。もっと穏やかな成功……自分が「欲しい」と思ったものを無理なくボーナスで買えたり、毎月ちょっとおいしいものを食べにいったり、いまの暮らしがほんの少しよくなれば、ラクになればいいな、という等身大の願いのはずです。

そんな人にとって、佰食屋の「これ以上は売らない」「これ以上は働かない」と決めるビジネスモデルは、きっと最適解なのではないでしょうか。

- 働き方を極限まで絞ることで売上を上げているお店
- 働き方の形は自分の人生に照らし合わせて決めることができる

まさに、この2つを体現しています。

けれどもそれは、なにも働くことを忌み嫌うことではありません。あらかじめ決めた業務量を、時間内でしっかりこなし、最大限の成果を挙げる。そして残りの時間を、自分の好きなように使う、ということです。

持続可能な働き方へ

もはや、かつて「当たり前」とされていた働き方は、過去のものとなりました。

定年まで勤め上げれば、退職金をもらえ、潤沢な厚生年金を受け取ることができました。転勤を命じられても、勤め続けさえすれば、出世やポストを約束してもらえる。だから、どんなに長時間労働でも、単身赴任になっても、文句1つ言わずに働き続けてこられたのです。

けれどもいまや、どうでしょう。我慢し続けて、やっとそれなりに給与をもらえて、役職に就くことができた途端に、リストラに遭ったり、会社が倒産したりしてしまいます。

つまり、これまでの働き方は、決して「持続可能」なものではなかったのです。20代30代にとっては転職も当たり前になり、いまいる会社よりもよい条件で雇ってくれる会社があれば、すぐに転職します。大企業でも副業が解禁になり、自分の好きなこと、やりたいことを仕事に、と新しいことをはじめている人がいます。

人々の働き方は、まさにいま転換期を迎えています。どんな働き方が、いちばん幸せになれるのでしょうか。それは、人によっても違うでしょう。「穏やかな成功」ができればいいと思う人もいれば、「いやいや、もっとバリバリ稼ぎたい」という人もいる。それぞれの選択があります。

けれどもたしかに言えることが、1つあります。

どんな人生を望む人も、「持続可能」な働き方をしたほうがいい、ということ。

「今後のために貯金している」。けれどもそれは、日本円の価値が揺らがないことを前提とした考え方です。もし仮に、突然インフレが起こって、日本円の価値が10分の1になったら？　1000万円の貯金が、あっという間に100万円です。そんなことは起こらない？　本当にそうでしょうか。隣の韓国では約50年前に、北朝鮮では10年前に通貨危機が起こり、大幅に通貨価値が下がったことがあります。

貯金が将来への不安をかき消す材料にはならないとすれば、どうすればいいでしょうか。

それは……無理せず働き続けることができる「持続可能な働き方」を自分の手でつかむことです。どんな時代になっても、どんな状況になっても稼げる仕組みをつくること、その力を持つこと。そして、自分の欲しい人生、それが年収500万円であろうと、1000万円であろうと、「これ以上は売らない」「これ以上は働かない」と決めること。

世の中に数ある業界のなかで、もっとも「働き方改革」からかけ離れた、ブラックな労働環境が当たり前となっていた飲食業界で、佰食屋はこの新しい働き方を実現させました。

それなら、きっとほかの業界、ほかの業種でも実現できるのではないでしょうか。

社員の声　Kさん（男性）

――いまはどんな業務をされていますか？

Kさん　佰食屋で初めてのエリアマネージャーという職に就いています。ここに入ったきっかけは、前職がサービス業だったんですけれども、時間の拘束が長かったり、子どもと会えなかったり、いろんなものがすべてなにもできないようになっていて。お給料が大していいわけでもないのに、私生活のいろんなものを諦めざるをえなかったので、もう辞めようと。いまは正社員として入社して、4年が経ったところです。

――エリアマネージャーという立場から、佰食屋の働き方はどう見えますか？

Kさん　会社って、基本、上から下に降りてくるパターンだと思うんですよ。なかなか下から上にいく要望改善ってあんまりないと思っていて。でも、佰食屋はピラミッドがまったく逆になってるというか。中村さんもよく仰ってるんですけど、「別に社長やからオーナーだから偉いとかはない」「マネージャーだから偉いわけではない」と。じゃなくて、「いま働いてくれてる人たちがみんな偉い」。いろんな意見があるから店が成り立つし、早く帰れる。だから意見はどんどん出してほしい、というのはこの会社の特徴ですね。

――いろいろな人が働いていますよね。

Kさん　そうですね。若い人やおばあちゃんだけじゃなくて、40代、いわゆるロスジェネ世代もたくさんいます。その年代にぼくも近いんですけど、その世代って昔から「コツコツ積み重ねることが大事」って言われてきたじゃないですか。そういう人たちって、いまの若い人からしたらなんか「頭の固い感じ」に見えてますよね。ふだん接する機会がなければ。でも、話してみると意外と柔軟で、「自分が自分が」ではなく周りをよく見ていて、カバーをし合うのが当たり前、という感覚で、勉強させられるんです。その世代の経験って、一緒に働く19歳20歳の子たちからすると、逆に「安心感」なんですよね。

――「100食限定」というビジネスモデルは改めてどうですか？

Kさん 「100食限定」っていう言葉が単純にお客様を引き寄せるだけじゃなくて、働き方すら、働く意識すら変えている、というのは実感しますね。ゴールがわかっているからこっちにも余裕が生まれますし、その従業員の気持ちの持ちようが違うと、やっぱりお客様にも伝わるんですよね。あとは、「お客様をお金として見ずにすむ」んですよ。ふつう、儲かって売れることは嬉しいはずなのに、飲食店ってあんまり現場が嬉しくないことが多いじゃないですか。自分がお客さんとして行った店でも、忙しいと、出されたものをひたすら配膳する。レジを打つ。「ありがとうございました」すら言われない、みたいな。前職はサービス業だったので、お客様が来てくれたら、「とりあえずいくら落としてくれるんだ」とか、どうしてもそういう感覚でしか見られなかった。でも、佰食屋はそもそもメニューは限られているし、ここで1万円払うお客様は誰もいないし、1日で売るのは100食って決まってるし、だからそういうふうに絶対見なくていいんです。お客様というより、人として見ればいい。「新作出ましたけど」と無理になにかをお勧めしなくてもいい。この人はなにを求めてるんだろう？　お茶なのか、水なのか、そういうところを見られるようになりましたね。

――本当に毎日１００食売れるんですか？

Kさん　はい。99食であと1食なのに2名様が来られて、一人しか食べられませんとなってしまうとさすがに申し訳ないので、そういうときはお出ししますけど。目に見える結果が毎日その場でわかる、というのはとても気持ちがいいですよね。１回来られた方がまた数日後に来てくださったり、「ここで3店舗全制覇なんです」と言ってくださったり。「おいしかったです」と言ってもらえるのは、やっぱりやっててよかったな、ってなりますね。実はなかなか言ってもらえないですよね、飲食店って。「おいしかったです」って言ってもらえる関係になってる、この人に「おいしかった」と伝えたいって思ってくださっている、それってけっこう信じられない環境なのかな、と思います。

――災害が続いたときはどうでしたか？

Kさん　当時は本当に厳しかったです。まず通常どおり営業をするので、100食分準備をするわけです。ですけど、実際来られたお客さんは50人とか、100人に満たない状況ってことは、物によってはどうしても廃棄しないといけない。ふだんは行き交うことすらむずかしい錦市場に人がいない、もっというと河原町（京都一の繁華街）全体に人がいない。これはどうしたことか、と。地震だ、雨だ、台風だといっても、「すぐ復旧するやろ」みたいな感覚でいるんですけど、それが間違いでした。今日は来るやろ、今日は来るやろ、と思っても来ない。すごくきつかったですね。ただ、ぼくたちが焦ってもしょうがないので、とにかくいつもどおりにしよう、と。従業員が焦ったり不安がってしまうと、お客様もせっかく楽しみにしてた食事が楽しみじゃなくなるので、いまは来ていただけるお客様を最大限もてなそうと。そういうことしか考えていなかったですね。

――佰食屋1／2というアイデアはどう思いましたか？

Kさん　正直驚きましたね。１００食限定でもすごいな、というところをまた半分にするのか、というのは。ただ、震災や地震があってからはちょっと意識が変わりましたね。たしかにそういうときもある、と。それに、50食だったら京都じゃなくても、どこに出してもいけるんじゃないか。たとえばどこかの住宅街にポツンとあってもいけるんじゃないか、そういう感じは受けましたね。正直、マーケティングをしてはる大手だったら、住宅街のなかには絶対出店しないとは思うんですけど、あえて佰食屋1／2はそこに行く。住民の方も来ていただけると思うし、遠方の方でも、「限定」を目指して、駅を降りてわざわざ来ていただけるかもしれない。50食でいいなら、場所を選ばないんです。そしたら農村部でもいい。その場所に雇用も生まれると思うんです。

おわりに

父親の余命宣告

わたしの父はとても真面目な人です。たとえるなら警察官のように正義感が強く、曲がったことが大嫌い。

事故後、シェフの仕事から経理職へ異動となった後、早期退職者の募集に手をあげ、わたしが高校生のときに無職になりました。そこから父は、昔からの夢だった「バスの運転手になる」という夢を叶えるべく、免許を取得し、1年間かけてようやくバスの運転手という仕事に就きました。子どもながらに夢に向かっている父親の姿と、その夢を不安ながらも支えている母親の姿は、いまのわたしの起業精神の根底にあるのかもしれません。

それからしばらくしたときのことでした。その頃、わたしは大学生でした。

父は会社の健康診断で要再検査となり、受診。

「お父さんはな、大腸がんっていうがんやった。余命3か月らしい。だから手術してくる」。

帰ってきたときに発した言葉でした。

最初はどういうことかわからず混乱しました。だって、目の前にはいつもと同じ元気な父の姿がある。父はそれ以上、なにも言いません。わたしも泣きませんでした。というより、泣けなかった。父親は気丈にふるまっていたし、母親もショックを隠そうと頑張っていた。ここで泣いてはいけないような気がしました。

だから、次の日に、大学の誰もいない講義室で一人で泣きました。まだ19歳でした。あと3か月で父親は死ぬ……?

その後、自宅では誰もその話題に触れることはなく、同じ毎日が過ぎていきました。

そして、手術当日。

6時間に及ぶ手術が終わり、全身麻酔で眠りについている父親が手術室から出てきたとき、意識はないはずなのに、眠っているのに、父親の手がまっすぐに上に伸びたのです。とてもゆっくりと、でも、まっすぐに。

ああ、父はまだ生きようとしている。生きたいのだ、と。

手術は無事成功し、すべての悪性腫瘍を取り除くことができ、その後の抗がん剤治療も終え、完治することができました。余命3か月の父は、あれから15年経ったいまでも元気で間もなく70歳を迎えますが、まだ運転手として働いています。

父の生命力の強さと、ピンチのときにも負けない強い気持ちは、きっとわたしにも遺伝しているのでしょう。

自分のやり方でやってきた結末が今の自分

この本を手にとってくださった方は、きっと「いまの生活を少しでもよくしたい」と考えていらっしゃるでしょう。働いているなかで、「しんどいな」「なにかいいことないかな」……そう考える瞬間が、きっと何度もあるでしょう。

わたしだって、同じです。

では、いま、あなたを苦しませている原因はなんでしょうか。

上司が厳しい。会社が自分を評価してくれない。職場環境が悪い。長時間働かされている。部下が期待するほど働いてくれない。妻が、夫が。

いいえ、違います。

本当の原因は、あなたです。

一人ひとり、積み重ねた月日も生まれ育ったところも違えば、置かれた環境も違うでしょう。家族や友人、同僚や上司との関係がうまくいっている人もいれば、そうでない人もいます。

ただ、同じことが1つだけあります。

それは、いまのあなたは、あなたが重ねてきた月日とあなた自身の選択によって形づくられたものだ、ということです。自分なりのやり方で生きてきた。その結果が、いまの自分そのものなのです。

もしあなたが、いまの自分が置かれた状況に不満を持っているなら、これまでの自分のやり方自体を疑ってかからなければ、変化は訪れません。絶対に。

自分が、実はいちばん強いラスボス

「敵は己の中にあり」――。わたしの座右の銘です。

20代前半、専門学校に勤めながら、いわゆる「ゆるふわ系」の服を着て、毎朝バッチリメイクして髪を巻いていた頃も、座右の銘はまるで戦国武将のようなこの言葉でした。

「男は夜遅くまで働いて、家族を養っていかなきゃいけない」「子どもが3歳になるまではお母さんが家で愛情を注いで、育ててあげないといけない」。

それは誰が決めたことでしょうか。昔からそういうものと決まっていたから。そう教えられてきたから。自分が本当にそれを望んでいるのならかまいません。ただ、「そうすることができない自分」に対して、自己嫌悪に陥るくらいなら、自分の考え方や生き方を変えてみてもいいんじゃないでしょうか。

あなたを苦しめているのは、「こうしなければ」と思い込むあなた自身なのです。

中村家は、「こうしなければ」と決まりごとを守るより、「得意なほうが得意なことをすればいい」「完璧にしなくてもバチは当たらない」という考え方で暮らしています。

毎日の料理は１００％夫がつくりますし、わたしは掃除と洗濯担当。でも、毎日掃除機をかける余裕はありませんし、夜に洗濯機を回すこともしばしばあります。子どもも生後６か月から保育園に預けていますし、早くもiPadを操作できるようになって、YouTubeを観て笑っています。

「子どもたちがかわいそう？」。

それは、誰と比べているのでしょうか。わたしたちは、わたしたち自身がいつでも楽しくいられるような生き方、働き方を自分たちで選んで、それを実行しているだけです。

「たくさん稼がなきゃいけない」という重圧がストレスになり体調を崩すくらいなら、自分のペースでできる仕事を考える。家事を完璧にすることができなくても、少しくらい放っておいても大丈夫、と肩の力を抜く——。

「こうしなければ」という固定観念。

実は、自分自身が持つその気持ちこそがいちばん強い「ラスボス」なのです。

ほかの人がやらないことを選ぶのはとても孤独。でも。

「どうして朱美さんは、そんなに思い切ったことができるのですか?」。

「1日100食しか売らない」「ランチタイムしか営業しない」という選択をしたわたしは、たしかに「思い切ったほうを選んだ」ように見えるかもしれません。

「ほかの人がやらないこと」「選ばないこと」をやる決断をするのは、とても孤独なことです。でもわたしには、夫というパートナーがいました。

本当に寛大で穏やかで、いつも物事を俯瞰で考えている。夫から指摘されて、「あぁ、そういう考え方もあるな」と気づかされるし、なにか不安なことがあれば、夫に相談してきました。

わたしはいつだって自信を持って、いや自信がなくたって、さまざまな決断をすることができました。いちばん身近にいる人が、人として、いちばん尊敬できる存在だったことは、わたしにとってとても幸運なことだと思います。

でも、みんながみんな、身近にそんな人がいるとは限らないですよね。

だから、もしこの本を読んで、わたしのやり方、考え方で「いいな」と思ったところがあれば、どんどん真似してください。どんどん真似して、盗んで、そこに自分がどう生きたいのかを足していけば、毎日を楽しめる心の余白は、きっと取り戻せるはずです。

わたし自身、「成功している」とは言いきれません。まだまだ、これから。そう思っています。それでもよく「成功の秘訣は？」と聞かれることがあります。その問いかけに、いつもこう答えます。

「何回失敗しても、成功するまであきらめなかっただけです」と。

最後になりましたが、いつもわたしを支えてくれている大好きな夫、わたしの仕事を「カッコイイ！」と言ってくれる愛すべき子どもたち、最初は反対しながらもいまは最前線で応援してくれている両親と姉、ずっと手伝ってくださっているお義母さん、佰食屋で共に働いてくれている大好きなみんな、開業当初から佰食屋に足を運んでくださる地元のお客様、日本中・世界中から佰食屋を目指してお越しくださる遠方のお客様、かなり限定した仕入れに付き合ってくださっている仕入業者のみなさま、本書の編集者である大塚さんとライツ社のみなさま、いつも柔らかい雰囲気で話を聞いてくださるライターの大矢さん、いつもご支援くださる行政・金融機関・支援機関のみなさま、そしてこの本を手にとってくださったみなさまに、精一杯の感謝を記して、筆を置きたいと思います。

本当にありがとうございます。

まだまだこれから、泥だらけになりながら、何度こけても何度失敗しても諦めない鋼の心をもって、自分らしい働き方を世に広めるべくわたしは走り続けます。

これからも応援をよろしくお願いいたします！

中村朱美

一緒に、増やしたい

この本は、「業績至上主義から解放された働き方を増やす」ために書きました。本書の思いに共感してくださる読者の方は、ぜひ力を貸していただけますと幸いです。

#売上を減らそう

SNSで「#売上を減らそう」のハッシュタグとともに、本書を読んで共感したこと、または「うちの会社ではこんなことがあった」「こんな事例も聞いたことある」「わたしはこうしてみました」などの経験やニュースをつぶやいてください。多くの情報をシェアし合うことで、少しでも多くの方に、次のアクションが生まれることを願っています。

売上を、減らそう。
たどりついたのは業績至上主義からの解放

2019年6月17日 第1刷発行
2021年3月21日 第11刷発行

著　者　中村朱美
発行者　大塚啓志郎・髙野翔
発行所　株式会社ライツ社
　兵庫県明石市桜町2-22
　TEL 078-915-1818
　FAX 078-915-1819
編　集　大塚啓志郎・有佐和也
営　業　髙野翔・吉澤由樹子
装丁・デザイン　西垂水敦・市川さつき（krran）
構　成　大矢幸世
写　真　片岡杏子
印刷・製本　光邦

乱丁・落丁本はお取替えします。

ISBN 978-4-909044-22-8

ライツ社HP http://wrl.co.jp
ご感想・お問い合わせMAIL info@wrl.co.jp